LE CHATEAU
DE LA ROCHETTE

A PONT-D'AISY

SON ORIGINE & SES SEIGNEURS

PRÉCÉDÉ D'UNE

INTRODUCTION

Sur les Northmans et leurs Invasions en Bourgogne

PAR

Louis-Auguste FONTAINE

Membre de la Société des Traditions populaires.

DIJON

J. BERTHOUD, IMPRIMEUR, SUCCESSEUR DE R. AUBRY

15, Rue Bossuet, 15

—

1892

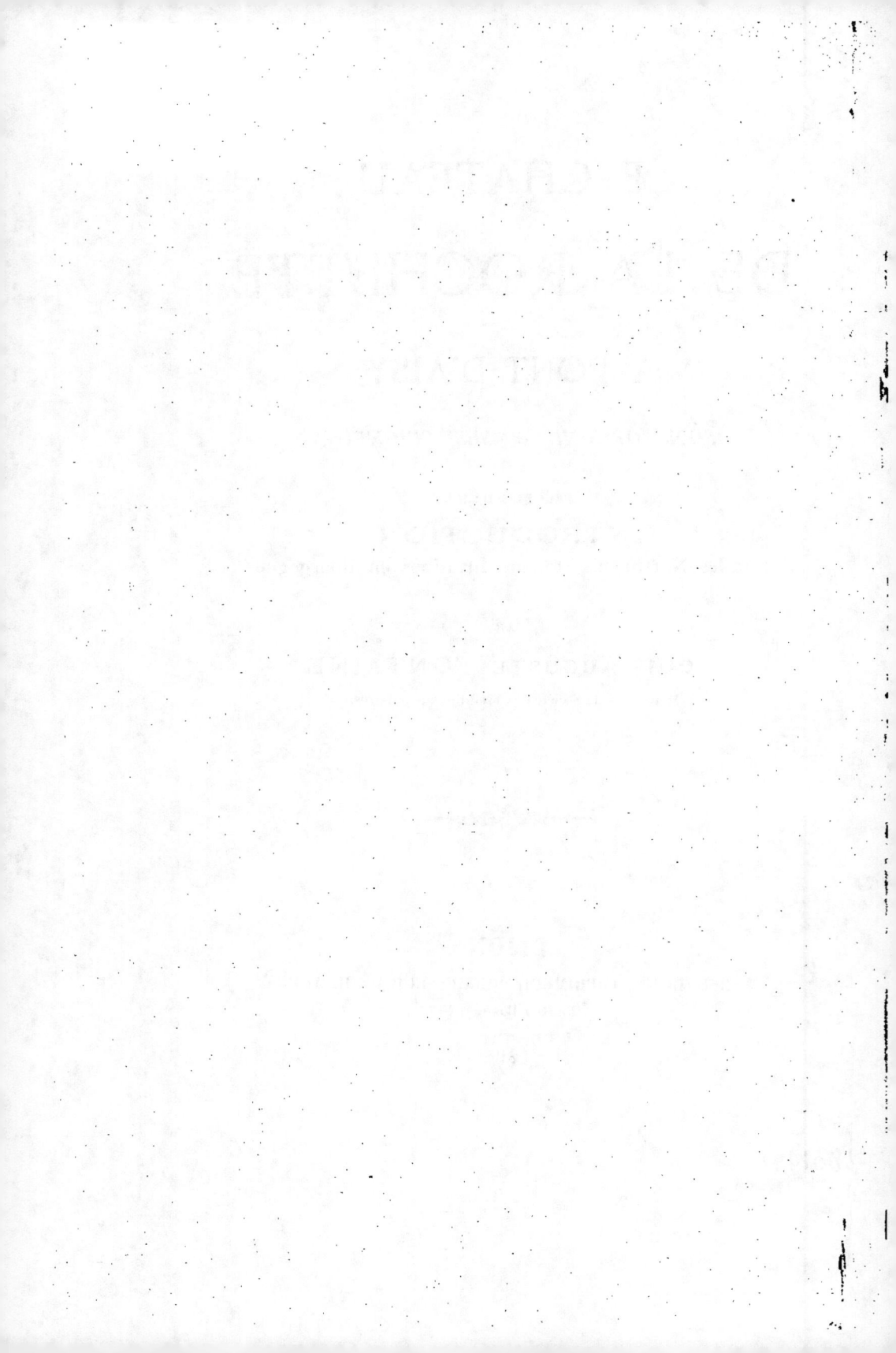

AVANT-PROPOS

En publiant ces quelques notes sur le château de la Rochette, je n'ai pas la prétention d'enrichir beaucoup le contingent de nos histoires locales. Mais, du moins, j'aurai la satisfaction d'exhumer de l'oubli la mémoire de devanciers qui ne vécurent pas toujours sans gloire.

Je ne désespère pas d'étendre ces recherches sur le passé d'un village qui m'est cher, et en faire profiter mes concitoyens. Si dans mes récits, le talent fait trop souvent défaut, peut-être pourrai-je suppléer à cette absence par beaucoup de bonne volonté.

Quoiqu'il en soit, je demande toute l'indulgence du lecteur pour un travail qui offre tant d'imperfections et le prie de ne pas me juger avec trop de sévérité.

Si je me suis étendu dans des digressions sur l'histoire générale, c'est que je ne sépare pas la cité de la vieille Patrie française et que la vie locale se rattache par trop de liens à la vie nationale. Avant d'être membres du clan ou de la tribu, nous sommes Bourguignons et Français.

INTRODUCTION

LES NORTHMANS. — LEURS INCURSIONS EN BOURGOGNE

I

Le IX⁰ siècle fut une des époques les plus désastreuses pour la France. A peine Karle-le-Grand était-il descendu au tombeau, que, sous ses successeurs abâtardis, l'empire franck tombait en décrépitude. Les pirates Northmans qui, naguère, avaient fait quelques furtives apparitions sur les côtes, s'enhardirent et, pénétrant dans l'embouchure des fleuves, en remontèrent le cours ; puis, s'abattant sur les rives, pillaient et dévastaient tout sur leur passage.

Ces peuplades, issues de la Scandinavie, appartenaient à cette antique race de Cro-Magnon, dont un rameau émigra, probablement, vers la fin de la période quaternaire, dans cette nouvelle terre d'adoption.

Du type blond le plus accusé, il forma une des grandes branches de la famille Aryenne qui reflua sur l'Europe à l'époque du bronze.

La supériorité intellectuelle qui la caractérisait, son énergie et sa volonté tenace en faisaient une des races conquérantes les plus aptes.

Leur civilisation très ancienne et beaucoup plus avancée que celle des autres peuples de l'Europe, rendit très facile l'assimilation de ces derniers. Aussi, à différentes époques historiques lorsque, par suite de leur prolificité, la mère-patrie ne pouvait plus fournir la subsistance nécessaire, ils débordaient par delà les frontières et faisaient irruption sur le reste du continent.

C'est ainsi que les Teutons, sortis des bords de la Baltique, envahirent les Gaules au temps de Marius qui les écrasa aux Eaux-Sextiennes. Plus tard, quand se produisit ce cataclysme social effrayant, qu'on appelle les *Invasions des Barbares*, ces peuplades se submergeant, se culbutant, sortaient des régions scandinaves, que l'historien Goth, Jornandès, appelle la matrice du monde.

Enfin, au IXᵉ siècle, surgirent les Northmans, qui, par leur valeur guerrière et leur haute stature, semaient la terreur et l'épouvante parmi les populations.

Doués d'un courage à toute épreuve et d'une habileté incontestable, ils gouvernaient leurs vaisseaux comme un agile cavalier manie son dextrier.

Initiés à la science des *Runes*, ils n'ignoraient pas les caractères mystérieux qui, tracés sur la lame tranchante des épées, procurent la victoire.

On les entendait se vanter de n'avoir jamais dormi sous un toit de planches, ou de ne pas vider leur coupe auprès d'un foyer abrité.

Guerriers cruels et indomptables, ils se plaisaient à verser le sang des prêtres et à faire coucher leurs chevaux dans les chapelles, où ils assistaient ainsi, disaient-ils, à la messe des lances.

Adorateurs de Thor et d'Odin, les féroces divinités du Nord, ces braves avaient l'assurance, lorsqu'ils périssaient dans les combats, d'être après cette mort glorieuse, transportés dans le Walhalla, resplendissant séjour des héros célestes. Dans leur mépris du danger, on ne les vit jamais, au plus fort du carnage, tourner le dos à l'ennemi. Le valeureux géant Lodbrog, plongé dans une cuve remplie de vipères, sur le point d'expirer, au milieu des plus atroces souffrances, bravait encore ses bourreaux, et leur lançait des paroles de défi, sans qu'une plainte s'échappât de ses lèvres.

Des hommes animés d'un tel fanatisme, et doués d'une énergie si grande qu'ils ne reculaient devant rien, devaient assurément jeter la terreur parmi les paisibles habitants des villes et des campagnes. Aussi les populations épouvantées fuyaient-elles éperdues à l'approche de ces barbares.

Les chroniqueurs de ces sombres époques, déplorant la pusillanimité des Francs, autrefois si vaillants, envisageaient, avec une profonde amertume, la dégénérescence dans laquelle étaient tombés les fils des preux. Ils attribuèrent cette apathie aux résultats funestes de la bataille de Fontanet, admettant qu'en cette rencontre le combat avait été si meurtrier que l'élite de la nation périt sur ce champ de carnage.

Le souvenir de cette effroyable hécatombe nous a été conservé par un chant du temps:

> La peri de France la Flor
> Et des baronz tuit li meillor
> Ainsi trovèrent Paenz terre
> Vuide de gent, bonne a conquerre.

Il apparaît que plusieurs causes concoururent, simultanément, à produire cet affaissement national: d'abord, les pestes et les famines, qui sévissaient périodiquement, empêchant la satisfaction des besoins matériels, absorbaient toutes les facultés physiques et morales des individus. Ensuite, les nombreuses expéditions de Karle-le-Grand, et les querelles intestines des fils de Lodewig-le-Pieux, avaient épuisé tout ce qu'il y avait de viril dans le pays.

Mais la cause prépondérante de cette impuissance résidait dans ce morcellement féodal, conséquence de l'édit de Mersen, qui se résumait en cet axiôme de la jurisprudence du moyen-âge: « Aucune terre sans seigneur. » Au milieu de l'anarchie et des dissenssions sans cesse renaissantes, il n'existait plus aucun homme libre; ceux qui avaient conservé quelques bribes d'indépendance y renonçaient, pour se faire les vassaux de seigneurs capables de les protéger. Un sentiment étroit et égoïste s'était emparé de la nation: chacun songeait à son intérêt propre avant de penser à la grandeur et à la sécurité de la Patrie. Nul ne s'inquiétait des malheurs de son voisin, et en l'absence de cet esprit d'union et de patriotisme, une poignée de pirates pouvait terroriser un grand pays comme la France.

Il faut le déclarer ici tristement, à la honte d'une foule de rénégats, les chroniqueurs affirment que beaucoup d'habitants, oubliant leur origine, s'associèrent aux Northmans, pour se livrer au pillage et accomplir les forfaits les plus odieux. Ces traîtres ne furent pas les moins dangereux, car, assure-t-on, ils étaient sans pitié pour les anciens compagnons d'infortune qu'ils avaient abandonnés.

Cependant un revirement finit par s'opérer: quelques hommes énergiques, doués d'une puissante volonté, qu'on avait vu fuir constamment au sein des forêts ou dans des repaires presque inaccessibles, finirent par se retourner. Alors essayant une résistance tardive, créèrent des camps retranchés, et en différents points du territoire surgirent des redoutes et des murailles, derrière lesquelles accoururent ceux qui avaient conservé un reste d'honneur et de bravoure.

Les abbayes, où affluaient de grasses prébendes, et dans l'intérieur desquelles se prélassaient de pacifiques moines, se transformèrent en forteresses inexpugnables.

De vieilles résidences ayant appartenu aux leudes mérovingiens, furent aussi pourvues de toutes mesures défensives capables d'arrêter les envahisseurs.

C'est en ces temps déplorables que furent édifiés ces châteaux lourds et massifs, dont les ruines, encore imposantes, frappent l'imagination. La plupart couronnent le sommet des collines, car de ces points élevés on découvrait les campagnes environnantes, et lorsque surgissait le danger, l'alarme était donnée : aussitôt les serfs du voisinage, accompagnés de leurs familles et munis de ce qu'ils possédaient, venaient s'enfermer dans la vaste enceinte du manoir.

Non seulement on construisit des châteaux forts sur le haut des monticules, mais il en fut bâti dans le fond des vallées, sur le bords des fleuves et des rivières, ou près des gués.

Quand la défense fut ainsi organisée, les bandes pillardes, en s'élançant à la recherche du butin, vinrent se heurter contre ces nombreux centres de résistance. Malgré la valeur guerrière dont ils faisaient preuve, et aussi malgré les ruses employées, ils échouèrent devant ces hautes murailles garnies de combattants. Après avoir essuyé des pertes sérieuses en hommes, ils se retiraient emportant le maigre tribut qu'ils avaient réussi à prélever. Il est notoire que les attaques devinrent de plus en plus rares, et aux siècles suivants ils disparurent même complètement.

Ainsi, le château, qui à l'origine avait été la sauvegarde du peuple, devint, dans la suite, un objet de réprobation et de haine. Si pendant un instant le donjon symbolisa l'espérance, durant tout le reste du moyen-âge, il signifia pour le serf, misère et désespoir!....

II

La première apparition des Northmans, en Bourgogne, eut lieu dès l'an 864, mais ce fut en 887 qu'ils se répandirent en plus grand nombre dans cette province.

Karle-le-Gros, homme méprisable, à l'intelligence peu développée, réunissait alors, en ses mains débiles, tout ce qui avait formé l'empire de Karle-le-Grand. Les Northmans mirent le siège devant Paris, qui fit une résistance désespérée. Les assiégés comptant sur l'inepte roi de France, attendaient avec anxiété son arrivée.

Au bout de longs mois, il apparut enfin, avec son armée, sur les hauteurs de Montmartre. A l'aspect de ces guerriers de « toutes nations, » les Northmans évacuèrent leurs positions. Le jour de la vengeance était arrivé, et les Parisiens, animés d'une ardeur belliqueuse, n'attendaient plus que le signal du combat, lorsqu'ils apprirent que l'Empereur traitait avec l'ennemi, et lui permettait d'aller hiverner en Bourgogne, c'est-à-dire ravager cette province. L'héroïque cité, qui venait de conquérir son titre de capitale de la France, refusa de ratifier cette honteuse trahison.

Lorsque les pirates se présentèrent pour franchir les ponts, les Parisiens exaspérés refusèrent de livrer passage à la flotte de ces barbares, et le pilote de la première barque qui arriva près des remparts fut percé d'une flèche.

Il fallut que les Northmans tirassent leurs embarcations à sec, pour les traîner sur la grève, en faisant un détour de plus de deux milles.

Afin de ne pas être troublés dans ce travail pénible, ils firent le serment de ne plus infester les environs de Paris, et remontèrent avec leur flottille jusque dans l'Yonne.

La contrée située sur le bord de cette rivière et de ses affluents subit un pillage sans trève ni merci : ils s'avancèrent même fort avant dans le pays, en s'écartant du rivage de ces cours d'eau, car avec les chevaux enlevés à leurs victimes ils improvisaient une cavalerie, leur permettant de franchir les distances avec célérité. ils vinrent mettre le siège devant Sens, où l'évêque Géran, donnant l'exemple, se mit à la tête de ses ouaillés : mais au bout de six mois d'investissement, moyennant quelque argent, les Northmans levèrent ce blocus, puis ils continuèrent leur déprédations à travers la Bourgogne, la Champagne et la Brie.

Bèze et ses environs furent saccagés impitoyablement, l'abbaye elle-même fut en proie à une si cruelle dévastation que le chroniqueur du monastère voulant exprimer le malheur qui l'avait accablé, appela ce passage des Northmans la sixième plaie et la désolation des désolations. On assure que cette armée barbare, vrai cataclysme social, semblable à un ouragan, ne laissa rien derrière elle. Leur nombre était si grand, qu'une fontaine dont le débit était prodigieux, tarit en abreuvant les bêtes de somme.

Richard-le-Justicier, premier duc de Bourgogne, beau-frère de Charles-le-Chauve, par sa sœur Richilde, qui fut maîtresse du monarque franck avant d'être sa femme, se mit à la poursuite de ces bandes pillardes, les atteignit dans les plaines de Saint-Florentin. Là, dans un combat acharné, il les défit, en 888, et les obligea à cesser leurs incursions.

Cependant, vers 911, il réapparurent dans l'Auxerrois et Géran marcha contre eux, où il les rencontra à peu de distance d'Auxerre. La lutte fut sanglante, huit drapeaux restèrent entre les mains des Bourguignons, ainsi qu'un grand nombre de prisonniers parmi lesquels se trouvaient deux chefs de bande. L'un de ces derniers échut au vicomte Rainard, tandis que l'autre périssait de mort violente, étant précipité du haut des remparts.

En souvenir de cette victoire, une fontaine, située dans le voisinage du champ de bataille, porte encore le nom de *fontaine de Saint-Géran*, en l'honneur de l'évêque-général.

Peu de temps après ce succès, Richard-le-Justicier et Géran les surprirent en Nivernais, chargeant le butin qu'ils avaient fait à l'abbaye de Saissy-le-Bois.

Ne s'attendant pas à une attaque si imprévue, ils n'eurent que le temps de fuir en désordre.

LE CHATEAU DE LA ROCHETTE

I

Nul chroniqueur ne nous a conservé le récit circonstancié des invasions qui eurent lieu dans l'Auxois, mais il est hors de doute que cette riche contrée vit tout son sol foulé par ces hordes belliqueuses.

Dès l'année 864 Alise fut mis à sac, et pour éviter la profanation des reliques de Sainte-Reine, on les transporta à Flavigny. Cette dernière ville vit les horreurs du pillage, trois années après. Les Northmans y séjournèrent du 11 au 23 janvier. L'abbaye subit leur odieux contact et 150 personnes y périssaient, tandis que les autres prenaient la fuite.

La résistance ne s'organisait pas encore, cependant l'histoire mentionne le nom d'un capitaine qui s'illustra dans diverses expéditions. Il est vraisemblable qu'il s'acquit des titres de gloire en défendant le *Pagus Alisiensis*, contre les pirates. (1)

Cet héroïque soldat est Valon de Vergy, comte d'Auxois, gratifié du titre d'administrateur *de la chose publique*, dans les comtés d'Auxois et de Duesmois.

Administrator reipublicæ comitatus Alisiensis atque Dusmensis.

---

(1) Courtépée. — Description du duché de Bourgogne.

Lorsque le capitulaire de Piste (862) eut enjoint aux comtes et aux vassaux de la couronne de fortifier leurs châteaux ou d'en construire de nouveaux, le sol de la France se couvrit de nombreuses forteresses qui opposèrent leurs flancs de pierres aux agressions normandes. Chaque colline se hérissa d'un donjon, et tout homme libre, pour assurer sa sécurité, abriter ses biens, s'enferma dans une carapace de moëllons.

Certes, bientôt la situation devint périlleuse pour les Northmans eux-mêmes : en effet, que faire dans un pays où on ne voyait pas un toit fumer à plusieurs lieues à la ronde, où régnaient partout le silence et la désolation ? Les pauvres familles fuyant éperdues, avaient emporté ou emmené au manoir voisin, le peu qu'elles possédaient.

Comme une vague immense poussée par la tempête vient se briser contre les récifs, de même ces bandes pillardes vinrent se heurter au pied des forteresses. Désormais le *Pagus Alisiensis* pourra résister avec opiniâtreté contre les efforts obstinés des *payens*, et les maux de l'invasion seront atténués.

De distance en distance se profile la sombre silhouette de nombreux châteaux-forts. La plupart de ces antiques résidences, dont il ne subsiste aujourd'hui que des murs démantelés par le temps, ont été édifiés à cette époque. Parmi les plus importants, je signalerai le manoir des sires de Thil, dont la masse imposante couronnait une montagne élevée, dominant certaine région étendue de l'Auxois.

Il est fait mention de ce lieu, dans le cartulaire de l'Abbaye de Saint-Germain-des-Prés, dès l'année 886, mais il est avéré qu'il existait bien antérieurement à cette date. M. Prud'hon, dans son histoire de Vic-sous-Thil, admet qu'il remonte au temps de Karle-le-Grand.

Les barons de Thil, riches et puissants, outre les vassaux, sur lesquels ils prélevaient toutes sortes de redevances, avaient encore en leur possession plusieurs résidences seigneuriales, postées dans la plaine comme des sentinelles avancées.

Le château-fort de *La Rochelle*, situé à Pont-d'Aisy, était évidemment une de ces redoutes défensives, servant en même temps à protéger la gent serve qui dépendait de la chatellenie de Thil. Bâti dans le fond du vallon, tout au pied de la montagne de Thil, *le Serein* roulait ses eaux limpides à peu de distance de la base des murs. Cependant, il est à croire que malgré le faible éloignement de la rivière, elle ne concourait pas suffisamment à la défense de cette place. Un canal de dérivation avait été ménagé dans un point du cours d'eau et contournait la partie de l'enceinte située au nord-est. Ce fossé, dont les restes ont été comblés il y a quelques années, a laissé son nom à la propriété dans laquelle il était creusé: on l'appelle encore le Canal (1).

Donc, bien qu'il n'existe aucun document historique permettant de déterminer l'époque précise où fut édifié le château de *la Rochelle*, on peut conjecturer, en se basant sur sa situation topographique qu'il remonte au temps des invasions normandes. Par sa proximité du cours d'eau près d'un gué, non loin de l'entrecroisement de plusieurs voies, il devenait un centre de résistance très important.

---

(1) Ce fossé était garni d'un beau pavage dans toute son étendue. Les moëllons ont servi à construire les bâtiment d'habitation appartenant à Mesdemoiselles Bertheault, de Précy.

Ce fut donc derrière ces sombres murailles que nos pères en ces jours de détresse, se liguèrent afin de combattre le terrible fléau qui s'abattit sur eux. Pauvres serfs, après avoir sué et géhenné pendant de longs jours, dans le but d'assouvir la rapacité de leur seigneur et maître, il ne manquait plus à leur douleur que les maux engendrés par l'invasion étrangère.

Jusqu'au XIII⁰ siècle, les chroniques sont muettes sur les différentes phases historiques du manoir de Pont-d'Aisy. Guy, sire de Thil, seigneur de Pont-d'Aisy, qui vivait à la fin du XII⁰ siècle, s'acquit une réputation de bravoure et d'honnêteté, justement méritée. Le duc de Bourgogne Eudes III, le tenait en haute estime, et il est très probable qu'il l'accompagna lors de la sixième croisade. On voit le sceau de Guy de Thil sur une charte de 1193, par laquelle le duc Eudes donnait aux chanoines réguliers de Saint-Maurice, de Semur, le bénéfice de la chapelle Saint-Jean.

En 1194 le baron de Thil épousait Bonne de Nolay, laquelle lui apportait ce bourg en mariage, dont il en devint seigneur. De l'union ci-dessus naquit une fille Agnès qui plus tard était mariée à Ansèric VI, seigneur de Montréal dans l'Avallonnais. Il avait été constitué en dot à Agnès de Thil, le château de la Rochette, avec les terres d'Aisy et de Pont d'Aisy.

Anséric mourut peu d'années après son mariage, en 1235, encore dans toute la force de l'âge. Sa femme, frappée dans ses plus chères affections et accablée de douleur par la mort prématurée de cet époux aimé, se retira à l'Isle-sur-le-Serein, dans un château qui lui avait été assigné en douaire. Là, tout au souvenir de celui qui n'était plus, elle se livra à des œuvres de bienfaisance, et on lui donna le titre de Dame du lieu.

Le couvent de Pontigny reçut diverses donations, elle établit sur ses terres d'Aisy et de Pont-d'Aisy une redevance annuelle, consistant en une mesure de froment et d'avoine. Moyennant ce don, les moines avaient charge de célébrer à perpétuité une messe anniversaire. Elle voulut, en outre, avoir le droit de sépulture auprès de son époux (1).

Le fief de la Rochette a été, comme on le voit, très peu de temps en possession des sires de Montréal, parmi lesquels il y eut d'illustres rejetons. Dans la seconde moitié du XIVe siècle, il appartenait à la glorieuse famille des Cussigny, qui jeta un certain reflet en ce temps-là.

II

L'état de la France se trouvait à ce moment dans une situation très critique : un instant elle avait espéré la liberté avec Etienne Marcel, mais ce dernier succombant à la tâche avait laissé la Révolution sombrer avec lui (31 juillet 1358).

Cette tentative de réforme politique était tout au moins prématurée, car le peuple ne savait encore se passer de roi ; d'ailleurs l'avènement des Valois était encore trop récent.

Les quelques intelligences d'élite qui étaient à la tête de ce mouvement rénovateur ne pouvaient être compris de la grande majorité de la Nation. Cependant la bourgeoisie se souviendra des grandes idées de justice et

----

(1) Cartulaire de Pontigny. Archives de l'Yonne.

d'indépendance qui avaient été émises. Dorénavant ses aspirations seront à la hauteur des événements : dans l'ordonnance cabochienne de 1413 et aux Etats Généraux de 1484 des pensées audacieuses se feront jour. Le mouvement d'affranchissement ne se ralentira pas à travers les siècles et aboutira fatalement à cette nuit sublime du 4 août 1789.

Après la chute du prévôt des marchands quelques exécutions sommaires eurent raison de la capitale et la firent rentrer dans *l'ordre*. L'insurrection de la Jacquerie, premier essais de fédération entre les villes et les campagnes, ayant été horriblement noyée dans le sang, imposa un morne silence aux campagnes : alors l'humanité se mit à cheminer comme précédemment et « povres brigands » dont parle Froissard se mirent à piller villages et châteaux.

A la suite du désastre de Poitiers, des mercenaires licenciés, soldats anglais ou français, se réunirent aux bandes déjà connues sous le nom de malandrins, tards-venus, écorcheurs, etc., pillaient et rançonnaient le royaume de France (1). C'était une dévastation sans trêve ni merci : ce que les uns avaient laissé, les autres le happaient au passage. Le peuple des campagnes eut le plus à souffrir de cette misère universelle, « car, « comme le dit le continuateur de Nangis, les seigneurs « leur arrachaient leurs subsistances et leur pauvre vie, « aussi fallait-il payer double tribut aux seigneurs et « aux ennemis pour pouvoir cultiver les champs et les « vignes. On ne voyait qu'églises croulant, que ruines

---

(1) Les grandes compagnies avaient déjà paru bien avant la bataille de Poitiers (1356), mais après cette fatale journée elles devinrent plus nombreuses.

« noircies par l'incendie ; on n'entendait plus la voix
« sonore des cloches, sinon lorsque bondissait le
« sinistre tocsin : les plus belles et les plus riches
« abbayes étaient détruites ou occupées par des gens
« d'armes ».

Les paysans employaient toutes sortes de moyens
pour se garantir de ces pilleries ; les clochers de leurs
églises furent transformés en forteresses où des guet-
teurs se tenaient tout le jour pour donner l'alarme
aussitôt qu'apparaissait l'ennemi. Pendant que les uns
veillaient d'autres se livraient aux travaux des champs.
La nuit il se retiraient dans des barques attachées au
rivage, ou dans les îlots formés par les rivières. On en
vit chercher des refuges avec leurs bestiaux dans des
souterrains qui avaient été creusés au temps des
Northmans.

La Bourgogne ne fut pas épargnée par ces bandes
farouches, dont la plupart étaient commandées par des
capitaines de grand renom, tels qu'Eustache d'Abréci-
court qui recevait les hommages amoureux de la noble
damoiselle Isabel de Juliers, mère d'Edouard III. La
partie de cette province qui eut le plus à souffrir de
leurs ravages, fut les environs de Beaune, de Châlon et
de Vermenton. Les chroniqueurs racontent que lorsque
leurs malheureuses victimes ne voulaient pas solder la
rançon qu'ils demandaient ils faisaient rôtir les enfants
et les vieillards. D'ailleurs un poète du temps a chanté
leur tristes exploits :

> Ils ont ars maint moutier, maint belle maison,
> Occis femmes, enfants, à grand destruction,
> Pucelles violées, et dames de grand nom.
> Robé vaches, chevaux, et pillé maint chapon . . . .

Un chef de ces bandes des plus redoutés, Armand de Cervoles, de la famille de Talleyrand-Périgord, surnommé l'archiprêtre, avait établi son quartier général à Villaines-les-Prévottes, et de là s'élançait au butin, mettant tout l'Auxois à contribution.

Les villages furent soumis aux plus horribles déprédations de la part de ces bandits, et il n'est pas une localité qui échappa à leurs forfaits. La terreur et la consternation étaient répandues partout, car rien n'échappait à leur rapacité, ce qu'ils ne pouvaient emporter était anéanti. Pour arracher aux pauvres vilains le peu qu'ils possédaient, on les soumit aux plus atroces supplices ; leurs femmes furent déshonorées, les enfants de ceux qui ne purent se racheter périrent dans les flammes (1).

Dans ce débordement de malheur, dont le ressouvenir attriste profondément, l'humble village de Pont-d'Aisy ne fut sans doute pas épargné et son château dut subir toutes sortes d'avanies. D'Arby, surnommé *Petit Démon*, à cause de sa courte taille, à la tête d'un parti d'écorcheurs, attaqua le château de Thil, qui succomba malgré une défense héroïque, au bout de cinq jours de résistance (25 mai 1366).

Pendant la durée de ce siége il est admissible de supposer que Pont-d'Aisy, par sa proximité, dut fournir des subsides aux assiégeants, les habitants qui restrayaient du château de la Rochette, furent dépouillés de tout ce qu'ils possédaient et peut-être « les routiers y occirent maints vilains, efforcèrent maintes demoiselles et y conquirent grand avoir » (1).

(1) Froissard. Chronique.
(1) Froissard. — Chronique.

La prise du manoir de Thil, d'où le seigneur était
parti en guerre pour le duc de Bourgogne, ne produisit
pas aux vainqueurs tous les avantages pécuniaires
qu'ils pensaient en retirer. Déçus dans leurs convoi-
tises, ils s'imaginèrent que les trésors avaient été
cachés dans la collégiale ; ils l'attaquèrent aussitôt.
Mais la résistance acharnée qu'opposèrent les chanoines
permit à Guillaume de Clugny, bailli d'Auxois, d'ac-
courir à leur secours. Alors, D'Arby leva le siège
précipitamment, et s'enfuit rejoindre Arnaud de
Cervoles.

A cette époque, Pierre de Cussigny, chevalier,
baron de Vianges et du Pont d'Aisy, tenait en arrière
fief de la baronnie de Thil le château de la Rochette
(1368). Il épousa Jeanne de Montille vers 1380, laquelle
lui apporta en mariage la terre de Montille, près
Semur, ainsi que celle de Mâcon-lès-Saulieu. Comme le
baron du Pont-d'Aisy avait des droits de par sa femme
sur Chalaut-en-Morvan et Dommecy-sur-Cure, il les
vendit à son beau-frère Jean II, sieur de Chalaut. Il
donne dénombrement de Mâcon en 1384 et en renouvela l'aveu après la mort de son épouse, Jeanne de
Montille survenue en 1406 : il agit aux noms de Jean,
Odet et Girard, ses fils. Jacques de Cussigny, hérita
en 1453 de la terre de Montille, tandis que celle de Pont-
d'Aisy, dès 1440, passait aux mains de Jehan Le Mairet,
escuyer, seigneur de Chastel-Regnault. Bernard de
Cussigny, fils de Odet et de Marie de Brazey, qui était
seigneur d'Island, le vendit en 1483 à Charles d'Inte-
ville ; mais sa veuve reprit le fief vingt ans après, au
nom de ses enfants. Bernard avait engagé aussi Mâcon-
lès-Saulieu à Louis de Clugny, baron de Conforgien,
qui refit le terrier en 1500.

Cet engagement n'eut peut-être pas une ratification définitive, car plus tard nous voyons Charles de Cussigny gratifié du titre de seigneur de Mâcon et de la Rochelle.

III

Pendant que les seigneurs de Pont-d'Aisy, comme tous leurs congénères, menaient joyeuse vie, exécutant chasses et chevauchées, assistaient à maint tournois en l'honneur de gentes damoiselles, quel était le sort des habitants du village ?

Serfs rivés à la glèbe, ils en suivaient toutes les évolutions, et lorsque la terre changeait de propriétaire ils se trouvaient sous la férule d'un nouveau maître. Si ce dernier était compatissant, l'humble vassal en profitait ; s'il était impitoyable, comme le cas se présentait parfois, alors, malheur au pauvre manant !

Quoique écrasés par de lourds impôts, et surchargés de ces droits odieux, qu'on appelait droits de pulvérage, de banalité, de pâturages. etc., il est permis de croire que les seigneurs de Pont-d'Aisy n'abusaient pas de leur puissance pour pressurer leurs tenanciers.

Tandis qu'à certaines époques de misère et de décadences la population de l'Auxois était décimée par des pestes, des guerres cruelles ou d'autres maux, on vit le nombre des habitants de Pont-d'Aisy augmenter au lieu de péricliter comme celle de quelques localités voisines.

Lors du dénombrement qui eut lieu en 1397, pour la répartition de la somme devant former la rançon du duc de Nevers, fait prisonnier par les Turcs à Nicopolis, le village de Pont-d'Aisy, alors sous la vassalité de Pierre-de-Cussigny, se composait de 9 feux.

Mais au siècle suivant, de nouvelles calamités s'abattirent sur l'Auxois, dont la population rétrograda sensiblement.

De 6,633 feux qu'il comptait précédemment il n'en restait plus que 3,903 en 1442.

Il est avéré que le plus grand fléau qu'eut à supporter la Bourgogne, fut l'apparition, en 1435, des premières bandes d'écorcheurs qui inondèrent les villes et les campagnes pendant dix longues années.

Pour comble d'infortune, une horrible disette survint en 1437, puis se renouvelant encore les années suivantes, occasionna une grande mortalité parmi les hommes et même parmi les animaux (1).

Après que l'Avallonnais eut été mis à contribution par « une grant compagnie de larrons et de murdriers « qui, par leur maulvaise vie et détestable gouverne- « ment, furent nommez les Écorcheurs » (1), ces soudards passèrent dans l'Auxois, ayant à leur tête un capitaine nommé Floquet, bailli d'Evreux.

La résistance ne fut pas opiniâtre, car beaucoup de seigneurs de nos localités se liguèrent avec les routiers, ne craignant pas de ravager leur propre pays. Guillon, Epoisses, Moutiers-St-Jean, furent livrés au pillage et à l'incendie, ainsi que Saulieu et les villages environnants. Il est hors de doute que Pont-d'Aisy fut aussi mis à mal par ces bandes forcenées, car tout l'Auxois demeura sous les coups de l'invasion du mois de juin 1437 à la fin d'août ou au commencement de septembre de la même année.

---

(1) Archives départementales. (B. 11 515)
(1) Collection de Bourgogne à la Bibliothèque nationale.

Mais dans le courant de février 1440, Jean de Fribourg, seigneur de Neufchâtel, gouverneur de Bourgogne, fut avisé qu'une bande d'écorcheurs, forte de 14,000 chevaux, se dirigeait sur le bailliage d'Auxois et et de la montagne. Aussitôt des ordres furent donnés afin d'enlever les vivres de la campagne et priver les routiers de tout moyen de subsistance. En outre, les paysans devaient se retirer dans les villes et servir à organiser la résistance. Mais cette fois, les pillards ne firent que traverser la Bourgogne, se dirigeant sur la Lorraine, d'où ils comptaient revenir bientôt.

En effet, peu de temps après, ils étaient arrêtés aux environs de Langres par une petite troupe bourguignonne, qui leur infligea une perte de 120 hommes.

Au mois d'octobre, Floquet, n'ayant sous ses ordres qu'une faible bande de routiers, s'emparait de l'Isle-sous-Montréal, parcourait l'Auxois où il ne séjourna pas, car le bailli avait fait enlever les fers des moulins, des forges et des maréchaux. D'ailleurs, des instructions sévères avaient été données, afin de sévir impitoyablement contre eux ; dix-huit à vingt de ces bandits arrêtés précédemment à Dijon, dans le faubourg d'Ouche, chez Thomas Noblement, aubergiste, furent précipités dans l'Ouche.

Ils ne quittèrent un instant la Bourgogne que pour y rentrer presque immédiatement, et se livrer aux plus horribles déprédations ; ce fut même en cette année que la province subit le plus longtemps leurs souillures. Les échos de cette invasion retentirent jusqu'au cœur de la capitale de la France. Le bourgeois de Paris, dans son journal, s'exprime ainsi : « En cette année furent « les écorcheurs en Bourgogne et en une grant court

« du pays mirent toutes les bêtes à cornes comme
« vaches, bœufs qui laboraient aux champs qu'ils po-
« vaient trouver, les bêtes à laine et pourceault et autre
« bétail, et tous les firent mourir de faim parce qu'ils
« furent trop sans manger et fut pour que les gens du
« pays ne purent payer si grand rançon qu'ils deman-
« daient. »

Tant de souffrances émurent les princes français, qui
résolurent de mettre un terme aux maux qui acca-
blaient leurs vassaux. Un congrès se réunit à Nevers,
au commencement de l'année 1442, et les membres
exposèrent leurs doléances à Charles VII, roi de
France. Dans un mémoire, ils lui firent pressentir « les
« pilleries, robberies aultres oppressions que ont fait et
« font les gens de guerre en ce royalme, comme de
« boucler feux, violer eglise, efforcer femmes, assalir
« villes et chasteaulx, prandre et rançonner gens de
« tous estas, piller et robber indifféremment partout où
« ils trouvent à prandre. »

Le monarque ne répondit pas à l'appel qui lui était
adressé, mais une diversion qu'il fit en Guyenne, où il
alla combattre les Anglais, débarrassa pendant quelques mois la Bourgogne de ses hôtes incommodes qui
se mirent à la solde du roi.

Pendant ce temps, le duc de Bourgogne réunissait ses
Etats, pour aviser aux moyens de solder les gens d'armes, et les frais de la conférence de Nevers. Du 24 au 30
juin 1442, ils tinrent séances et votèrent 20,000 francs,
quoique Philippe-le-Bon en réclamât 60,000. Quelques
membres exposèrent avec tant de véhémence les « fou-
« lements et povreté du pays » que la réduction pro-

posée fut acceptée de part et d'autre (1). Dans le recensement que nécessita la répartition de cette taxe imposée à chacun suivant ses ressources et facultés, il fut constaté que le village de Pont-d'Aisy se composait de 2 feux solvables, 5 misérables et 5 mendiants.

Contrairement au fait qui s'était produit dans le reste du bailliage d'Auxois, la population, au lieu de rétrograder, s'était accrue de 4 feux depuis le dénombrement de 1397. Dans ces temps de troubles ou la vie sociale se résumait dans la tour féodale, rendons hommage de cet accroissement à Jehan Le Mairet, qui avait remplacé les seigneurs de Cussigny au fief de la Rochette. Si malgré les maux qui neutralisaient le développement du pauvre peuple des campagnes, de nouvelles habitations vinrent se grouper aux alentours du vieux manoir de Pont-d'Aisy, c'est que le maître de ce lieu sut toujours protéger aussi efficacement que possible ses vassaux contre les désastres produit par les gens de guerre, et atténuer les malheurs occasionnés par toutes sortes de calamités.

Cependant la guerre se poursuivait avec les mêmes excès de la part des Ecorcheurs qui « ont fourrayés et « pris prisonniers, coupé les gorges à plusieurs femmes, « après qui les avaient cogneues, les mettre toutes nues, « et faire plusieurs autres inhumanités, et abhomina- « tions, et telles que les sarrazins ne font pas aux chré- « tiens (1). »

On était arrivé à la fin de décembre 1443, le Dijonnais était envahi par une troupe commandée, assure-t-on, par Robert de Sarrebruck, mettant à contribution l'Auxois tout entier. Mais Thibaut de Neufchâtel, sei-

---

(1) Archives départementales, B 1660, B 2,401, B 3,702.
(1) Revue du Lyonnais, 1861.

gneur de Blamont, rencontrant l'ennemi près de Saulieu, lui fit subir un échec considérable (janvier 1444).

Cette victoire n'empêcha pas que, quelques jours après, on les signalait à Montréal et à l'Isle-sur-le-Serein, d'où le duc de Bourgogne, Philippe-le-Bon, alors à Luxembourg, donnait ordre aux seigneurs de l'Auxois et de la montagne, de convoquer les hommes d'armes afin de les déloger. Ces malandrins n'attendirent pas l'attaque, ils se dirigèrent aussitôt sur le Nivernais et de là dans le Mâconnais, où ils séjournèrent quelque temps. Mâcon lui-même ne fut épargné que grâce à une somme de 540 livres qu'il paya au chef des routiers, Paul de l'Estrac.

Mais à peu de temps de là, la Bourgogne devait être débarrassée définitivement de ces hordes sauvages, qui pendant dix années consécutives, l'avait impitoyablement ravagée. Enrôlés sous les ordres du Dauphin, ils marchèrent au secours de Frédéric d'Autriche, alors en guerre contre les communes suisses. Pendant les négociations, qui traînèrent en longueur, de nombreuses déprédations furent encore commises: On signale une rencontre à Epoisses (juin 1444), entre les gens du Dauphin et les troupes bourguignonnes. Le chroniqueur Enguerrand de Monstrelet, qui relate ce fait, mentionne que « furent y ceult François tournés à dé-
« confiture et en y eut très grand nombre que mors que
« pris. »

Enfin la province ne fut définitivement délivrée des dernières bandes qu'en octobre 1445.

Quoique la Bourgogne ait encore été affligée par des fléaux non moins terribles que cette fatale invasion d'Écorcheurs, et que la peste et les famines eussent fait

de nombreuses victimes, elle acquit bientôt une nouvelle prospérité, sous la paternelle administration de
Philippe-le-Bon. Saint-Julien de Baleure, dit qu'il « mit
« ses pays en si haute paix et heureuse tranquillité.
« qu'il n'y avait si petite maison bourgeoise et des
« villes où l'on ne bût et mangeât en vaisselle d'ar-
« gent. »

Au mois de juin 1461, on procéda à un nouveau dénombrement dans le bailliage d'Auxois, afin de répartir une somme de 10,000 francs, octroyée par les Etats
au Duc ; il est établi que la population s'était considérablement accrue et qu'elle avait même doublé. Le menu
peuple des campagnes, naguère accablé par l'adversité,
se trouvait soulagé de la plupart des maux engendrés
par des troubles perpétuels, aussi le voit-on acquérir
un développement rapide.

Ainsi, en 1442, le nombre des feux étant de 3.903, se
trouva porté, l'année 1461, à 7,725. Pont-d'Aisy qui était
encore sous la dépendance de Jehan le Mairet. comptait 15 feux qui se composaient essentiellement d'hommes serfs taillables, mais abonnés. On peut donc constater avec satisfaction que leur sort avait subi une
grande amélioration depuis moins de vingt ans. La
situation des serfs était devenue moins précaire en con-
tractant des abonnements. Par cette innovation tout à
leur avantage ils ne se trouvaient plus à la merci du
seigneur. La redevance dont on les frappait, ne se
modifiait plus, suivant les besoins ou les caprices du
suzerain, mais elle était fixée à une somme invariable.
Il est aisé de comprendre que par cette nouvelle dispo-
sition l'existence du paysan devint moins aléatoire et
dès lors son intelligence s'émancipa en même temps

que ses droits grandissaient. Malgré toutes les entraves, il ira marchant d'un pas ferme en avant jusqu'au moment où son triomphe sera définitif.

IV

Dès le milieu du XIe siècle, un mouvement s'était déjà manifesté dans les esprits: quelques villes se soulevant contre l'oppression féodale émirent la sublime prétention de s'administrer elles-mêmes. S'armant d'une audace qui témoigne d'une grande virilité, ils osèrent réclamer à leurs seigneurs et maîtres des chartes de commune

Le vieux Guibert de Nogent, chroniqueur du XIIe siècle, s'insurgeait de tant de témérité, et qualifiait le mot de commune de nom détestable; il ne pouvait concevoir dans sa naïveté qu'on substituât la loi à l'arbitraire. Mais les manants imbus du sentiment de l'égalité s'écriaient :

Pourquoi nous faire dommage?
Nous sommes hommes, comme ils sont ;
Des membres avons, comme ils ont ;
Et tout autant grands cœurs avons.
Et tout autant souffrir pouvons (1 .

Au XIIe et au XIIIe siècle les chartes de commune se multiplièrent et partout les bourgeois continuèrent à secouer le joug énervant de la féodalité. Sans doute quelques excès furent commis, mais néanmoins il faut admirer le courage et l'abnégation de tous ces déshérités, cherchant à fonder l'ordre et la liberté sur les ruines de l'anarchie. S'ils échouèrent, c'est qu'ils ne solidarisèrent pas leurs causes entre villes voisines.

---

(1) Le roman de Rou, par Robert Wace, poëte Anglo-Normand, mort vers 1184.

Cependant un nouveau parti voyait le jour et le *Tiers-État* ira grandissant, jusqu'au moment où, ayant conscience de sa force, il s'écriera, parodiant le mot de Louis XIV: « L'État, c'est moi! »

Reconnaissons, toutefois, dans ce temps de violence et de désordre, où l'épée jouait un rôle prépondérant, la constitution de la famille. Aux siècles précédents, la femme, délaissée sous le toit conjugal, se morfondait seule, pendant que son mari courait les champs de bataille, détroussait les voyageurs et faisait le contraire *aux jolies filles* (1). Dans cet état de guerre perpétuel, qui était presqu'un retour à la barbarie primitive, l'époux connaissait à peine celle qu'il avait choisie pour lui servir de compagne. Mais bientôt cette dernière eut sa place marquée au foyer et figurera dignement au premier rang dans la famille. Poètes et troubadours chantèrent ses charmes, puis exaltant ses vertus, ils honorèrent son esprit raffiné. Reine de beauté, elle présida aux cours d'amour et fut l'auguste inspiratrice des fêtes de chevalerie.

Au XVIIe et au XVIIIe siècle elle va régner sur les cœurs par son intelligence et lorsque surviendra la Révolution, la famille issue de la féodalité sera apte à recevoir les idées nouvelles. Les réformes trouveront leur assise fondamentale, et il sera loisible de procéder à une transformation sociale.

La fin du XVe siècle marque donc déjà l'avènement d'une ère nouvelle. Le principe des nationalités s'affirmera et les guerres intérieures feront place aux expéditions hors des frontières. Si les castes sociales ne

---

(1) Paul-Louis Courier. — Œuvres complètes.

sont pas supprimées, du moins elles obéiront désormais à un pouvoir central : le roi.

La Bourgogne, qui avait déjà fait partie du domaine royal, à la fin du règne de Jean-le-Bon, rentra de nouveau sous la puissance de la couronne de France, après la mort de Charles-le-Téméraire, survenue devant Nancy le 5 janvier 1477. Louis XI, dont la ruse égalait la mauvaise foi, s'assura la possession de cette province, qui demeura définitivement acquise à ses successeurs. Ses destinées vont maintenant se confondre avec celles de la Nation Française et elle conservera pour la mère-patrie un attachement qui ne se démentira jamais, dans la bonne comme dans la mauvaise fortune.

Son patriotisme fut mis à une rude épreuve par François Ier, après la désastreuse bataille de Pavie, livrée le 25 février 1525. Ce monarque, fait prisonnier à cette journée critique, consentit au honteux traité de Madrid, qui livrait la Bourgogne à Charles-Quint. Mais les Etats réunis à Cognac pour cette circonstance, refusèrent de sanctionner une clause si alarmante. Ce fut avec une douloureuse émotion que les députés Bourguignons, se faisant les interprètes du sentiment public, exprimèrent leur amour du vieux sol national ; s'adressant au roi ils lui tinrent ce langage énergique: «..... Nous n'avons pu « voir, sans une douleur extrème, que votre duché de « Bourgogne devenait le prix de votre liberté. Nous « l'aurions rachetée cette liberté précieuse au dépens « de nos vies et de nos biens ; mais devrait-ce être au « prix de la fidélité et de l'attachement que nous vous « avons voués? au prix du nom Français dont nous « nous honorons, et auquel votre Majesté veut aujour- « d'hui que nous renoncions.

« Nous n'y consentirons jamais, sire, et votre Majesté
« n'a pas droit non plus de nous y contraindre, elle vio-
« lerait les serments faits à son sacre, si elle persis-
« tait à vouloir nous livrer à une domination étrangère;
« nous en appellerions aux États généraux, et s'ils nous
« abandonnaient, nous défendrions nous-mêmes notre
« province jusqu'au dernier soupir, et nous mourrions
« Français. »

Cette patriotique déclaration ne pouvait manquer
d'être accueillie favorablement, la Bourgogne ne fut pas
arrachée du sein de la France, . elle demeura sous la
suzeraineté de François Ier.

Lors de son incorporation au royaume de France, elle
ne perdit pas complètement son autonomie, et tous les
rois qui se sont succédés depuis Louis XI, jurèrent de
lui conserver intactes ses libertés, franchises, ainsi que
les chartes de privilèges, octroyées par ses ducs, ce qui
lui assura presque sa vie propre. Si son importance politique décrut considérablement, en revanche, par une
haute culture intellectuelle, elle s'appliqua à faire fleu-
rir chez elle les sciences, les lettres et les arts. La découverte de l'imprimerie, inaugurant les temps modernes,
apporta la lumière sous le chaume, comme au sein des
palais les plus somptueux. Les connaissances humaines
qui jusqu'alors avaient été le privilège d'un petit nombre, ne connurent plus de borne, à leur diffusion;
des horizons nouveaux s'ouvrirent, la pensée s'élargit et
l'intelligence alla grandissant. De même, les idées religieuses furent analysées et comparées, puis l'esprit de
l'homme portant ses investigations sur des choses qui
avaient été tenues constamment en respect, le doute
naquit et la liberté d'examen commença.

Le XVe siècle ouvre cette belle période où les sciences. les lettres et les arts, prenant leur essor, donnèrent
naissance à une brillante civilisation qu'on a gratifiée
du titre pompeux de *Renaissance*. La réforme religieuse qui fut la conséquence de ce renouveau dans les
lettres avait été préparée, bien avant Luther, par des
esprits éminents tels qu'Erasme, Ulrich de Hutten, etc.
Les discussions, ou plutôt la révolution théologique,
provoquées par les nombreux abus dans la discipline
et les mœurs du clergé, devinrent le sujet de troubles
qui ensanglantèrent la France pendant le XVIe siècle.

Le protestantisme prit une rapide extension en Bourgogne, cette province devint bientôt un foyer intense
de dissensions religieuses. Le sang coula partout, et on
ne vit qu'égorgements de Français par des Français.
Gaspard de Saulx-Tavannes, nommé lieutenant général
du roi, a laissé de tristes souvenirs dans la province,
par les violentes persécutions qu'il y exerça. L'édit de
janvier 1562, qui assurait aux religionnaires le libre
exercice de leur culte en dehors des villes, ne fut pas
mis à exécution à cause du fanatisme outré de son
lieutenant.

Les historiens de ce temps ne mentionnent que villes
prises et reprises, que combats acharnés et grandes
pilleries. Des confréries dites du Saint-Esprit se formèrent, des ligues catholiques eurent une organisation,
les haines religieuses augmentant, la guerre ne fit que
redoubler. Les villes et les villages mêmes, cherchant à
se surprendre, se faisaient éprouver des pertes cruelles.

Cependant la Saint-Barthélemy, cette horrible hécatombe, où plus de cent mille personnes trouvèrent la
mort, ne reçut pas son exécution en Bourgogne, grâce

à l'intervention d'un homme juste et intègre, le président Jeannin, alors avocat et conseil de la ville de Dijon.

Dans cette buée sanglante qui s'étendit sur la France, honorons la mémoire de ces intelligences d'élites, lesquelles, reconnaissant la souveraineté de la conscience, flétrirent énergiquement ces luttes impies et sacrilèges qui déshonorent l'humanité.

Le vieux et honnête Chancelier de l'Hospital était mort de chagrin et de honte quelques mois après le monstrueux massacre de la Saint-Barthélemy, en s'écriant :

« Périsse à jamais la mémoire de ce jour exécrable ».

Le fanatisme, cette exaltation du sentiment religieux, jette le trouble et la perturbation dans la raison qu'il soumet à tous les déréglements d'une imagination dépravée. Les malheureux, atteints de cet enthousiasme frénétique, oublient et les lois et leurs devoirs, ils poussent la cruauté jusqu'à égorger leurs semblables, afin, croient-ils, de mériter le ciel.

Tandis que les hommes, nés pour s'aimer et s'entr'aider, devraient pratiquer cette sage tolérance qui reconnait à chacun le droit de croire et d'exercer son culte suivant ses convictions, en respectant les idées d'autrui, on les vit s'entre-déchirer pendant de longs jours.

Déplorons cette aberration de l'esprit humain qui sème la haine, enfante la terreur et entrave le progrès...!

Cependant ces luttes fratricides se poursuivaient sans relâche et sans pitié, avec des alternatives de revers ou de succès de part et d'autre. Beaucoup de nos monu-

ments religieux conservent encore les traces ineffa-
çables de l'affreux vandalisme qui animait les combattants. Dans certains villages bourguignons, demeurés
fidèles au culte catholique, notamment à Pont-d'Aisy
qui nous préoccupe particulièrement en ce moment,
le terme de Huguenot est demeuré une expression de
souverain mépris.

Pour mettre fin aux désastres qui s'accumulaient
sur la France, la paix fut signée à Beaulieu, en mai
1576. Comme elle eut lieu par l'entremise du duc
d'Anjou, on l'appela la paix de *Monsieur*, mais au lieu
d'apaiser les passions elle ne fit qu'exalter la haine des
catholiques violents qui trouvèrent que trop de faveurs
étaient accordées aux protestants. Alors se forma la
Sainte-Ligue, dont les turpitudes ont laissé le plus
déplorable souvenir parmi le peuple. Les prélats, seigneurs et bourgeois faisant partie de cette association
jurèrent « d'employer leur vie et leur bien au saint
« service de Dieu selon la forme de la Sainte Eglise
« catholique, de conserver le roi Henri troisième à
« l'Etat, splendeur, autorité et puissance qui lui sont
« dûs par ses sujets ; de remettre les provinces aux
« mêmes droits, franchises et libertés qu'elles avaient
« au temps de Clovis. . . ».

Encore une fois la Bourgogne fut pillée et saccagée
par les deux partis, dont la fureur et l'exaltation
étaient à leur comble, les meurtres et les incendies
signalèrent cette guerre sauvage qui ne se termina
que par la bataille de Fontaine-Française, remportée
par Henri IV sur les ligueurs (juin 1595). Après cette
victoire, Dijon ouvrit ses portes au vainqueur qui y fit
son entrée le 6 juin 1595 ; la province fut définitive-

ment pacifiée et ses destinées se confondront, dès lors, avec celles de la France.

Des fêtes brillantes eurent lieu pendant son séjour, qui se prolongea quelque temps. *La Mère-Folle* se mêla aux réjouissances publiques en donnant des représentations satiriques contre les ligueurs, et en jetant le ridicule sur les principaux personnages de cette association. Ainsi disparut dans le mépris un parti qui avait joué un rôle si néfaste. La vieille gaieté bourguignonne ne pouvait manquer de revendiquer ses droits à cette occasion.

Toutefois, il restait encore quelques châteaux à soumettre ; mais leur reddition ne demanda que très peu de temps. Celui de Lédavrée, situé à environ huit kilomètres de Pont-d'Aisy, et d'où sortaient les fougueux ligueurs de Guillaume Duprat, baron de Villeaux, chevauchan, parmi les campagnes, avait été expurgé précédemment et il y avait été mis garnison par le comte de Tavannes.

V

En 1480, ou environ, le fief de la Rochette appartenait à Louis de Clugny, issu d'une des plus nobles familles de la province. Son père Hugues, baron de Conforgien, seigneur d'Esfours et du Brouillard, avait épousé Louise de Sainte Croix, de laquelle il eut trois fils : Louis, Claude et Barthélemy, et deux filles : Nicolle et Ferrye. Hugues de Clugny étant décédé à Conforgien, où il fut inhumé, en 1492, sa veuve établit un chapelain dans une chapelle fondée à Saulieu, y créa une rente à perpétuité, pour une somme de quarante livres à prendre dans son domaine de Braux.

Louis, l'aîné de ses fils, cité précédemment. baron de Conforgien, de Beaumont. seigneur de Mâcon, Beurey-Beauguay, plus tard sieur d'Aisy et de Pont-d'Aisy, eut pour parrain Louis XI. Ce prince lui fit don. à l'occasion de son baptême, de six tasses et d'une aiguière en argent, dont le poids était évalué à 12 marcs.

Une coalition s'était formée à Cambrai contre la République de Venise, dont les richesses éveillaient les cupidités de tous ses voisins.

A l'instigation du fougueux pape Jules II, qui voulait être le « seigneur et le maître du jeu du monde ». Louis XII passa l'Adda avec 20,000 fantassins et 2,300 lances. Louis de Clugny faisait partie de cette expédition d'outre-monts. il mérita, par sa conduite valeureuse, d'être créé chevalier. Le roi de France lui conféra cet ordre la veille de la bataille d'Agnadel, 13 mai 1509.

Ce fut Louis de Clugny qui fit construire en 1515 le château actuel d'Aisy, près de l'emplacement d'un ancien manoir dont il subsiste encore des dépendances servant de remises ou d'écuries.

De son mariage avec Jacqueline de Drée il eut plusieurs enfants ; l'un d'eux, Michel, hérita en 1550, de son oncle, docteur en droit et abbé de Saint-Marien d'Auxerre de la Seigneurie de Montachon. ainsi que des terres de Molphey et Cotâpre. Un autre, Claude, fut seigneur d'Aisy et de Pont d'Aisy.

Pendant les guerres religieuses, il demeura fidèle au culte catholique ; de même qu'au temps de la Ligue, il n'abandonna pas la cause du roi. Barthélemy de Clugny qui lui succéda vers 1600, laissa à son tour le fief de la Rochette et la terre d'Aisy à son fils Charles.

Dans les actes publics, ce dernier est qualifié du titre

de haut et puissant seigneur Charles de Clugny, baron de Grignon, Lédavrée, Aisy et Pont-d'Aisy. Les anciens registres paroissiaux des deux localités précédentes, permettent de constater qu'il jouissait d'une grande popularité dans ces seigneuries, car il est souvent mentionné en qualité de parrain des enfants de ses vassaux.

En 1617 il se rendit acquéreur du château et de la terre de Grignon, appartenant à Joachim de Buxy, gouverneur de Champagne. Il avait contracté mariage avec Anne Voisenet, dont il eut trois enfants : Barthélemy, Charles et Anna.

Le 15 novembre 1669 il décédait au château d'Aisy, à l'âge de 90 ans (1). Courtépée commet donc une légère erreur, lorsqu'il donne l'année 1656 comme date de cette inhumation (2). D'ailleurs, pour corroborer mon assertion, voici la copie de son acte de décès, tel que je l'ai transcrit sur les registres paroissiaux d'Aisy :

« Le 16 novembre 1669, j'ai donné la sépulture ecclé-
« siastique au corps de Messire Charles de Clugny, che-
« valier, baron d'Aisy, seigneur de Pont d'Aisy, Chas-
« tenay-St-Pierre et autres places. Lequel décéda hier
« aagé d'environ quatre-vingt-dix ans, en présence de
« M⁰ Paul Ligeret, demeurant à Aisy, Jérémie Bornot,
« maréchal audit Aisy, de Robin, Moisson, manouvrier
« audit lieu, soussignés, avec moy, curé de Dompierre
« et Toste, et assisté du curé d'Aisy.

« Ont signé : Robin, Moisson, Bornot, Ligeret, N...,
« curé de Dompierre et Bergeret, curé d'Aisy ».

---

(1) Registres paroissiaux d'Aisy-sous-Thil.
(2) Courtépée Description du duché de Bourgogne.

Ce ne fut que provisoirement qu'il fut déposé au caveau de l'Eglise d'Aisy, car on voit encore sa tombe dans l'église de Grignon.

La famille de Clugny a possédé le château d'Aisy jusque vers 1690; mais dès 1638, Lazare Genglerre était devenu seigneur de la Rochette.

Ces Genglerre, membres de la corporation des marchands, jouissaient d'une grande influence à Aisy qu'ils habitaient depuis très longtemps. Ce sont eux qui fondèrent une *donne*, le jour de Saint-Blaise, en faveur des pauvres de la localité et des villages voisins. Cette œuvre de bienfaisance qui attirait un grand concours de mendiants, auxquels on distribuait de petits pains fabriqués pour cette circonstance, et des pois cuits à l'eau, a subsisté jusqu'à la Révolution.

Ainsi que je l'ai dit ailleurs (1), Saint-Blaise était en grande vénération à Aisy; sa fête se célébrait avec ferveur et enthousiasme. Il avait une chapelle spéciale que la famille Genglerre fit édifier, probablement vers la fin du XVIe siècle. A l'entrecroisement des nervures de la voûte de cet édifice, qui dépend de l'église paroissiale, on remarque un écusson, taillé dans la pierre, renfermant les armes des fondateurs : Sur le champ de l'écu, un fer de charrue brochant sur différents accessoires.

Comme le château de la Rochette était sous la vassalité des barons de Thil, les habitants de Pont-d'Aisy, outre les droits qu'ils payaient annuellement à leur seigneur direct, avaient encore à leur charge de nombreuses redevances aux châtelains de Thil. D'un dénom-

(1) Revue des Traditions populaires. Page 275, année 1890.

brement fait en 1645 (1), il est établi que ledit village
était retrayant et sujet au guet et garde du manoir, et
quand il y avait contestation pour les défauts, amendes,
armes, fournitures et autres, les litiges étaient jugés et
terminés par le capitaine du château ou le bailli de la
dite terre. Le droit de garenne existait sur toutes les
terres dépendantes de la baronnie, laquelle avait aussi
le droit de justice, haute, moyenne et basse.

Nul ne pouvait pêcher dans la rivière du *Serain*,
sans permission, à peine de trois livres cinq sols
d'amende. De même, tous les taverniers, cabaretiers et
autres doivent pinte et pain, et les langues de tous les
bœufs ou vaches tués appartenaient au même seigneur,
faute de quoi les délinquants étaient passibles de
l'amende de 3 livres 5 sols.

La terre étant allodiale, chaque acquéreur de propriétés était tenu à payer 20 deniers par livre, et à déclarer son acquisition dans les 40 jours qui suivaient la
vente. Par un abus exhorbitant le seigneur de Thil
pouvait, dans le délai d'un an, retenir toute propriété
vendue, s'il lui convenait; toutefois il était dans l'obli-
gation de rembourser le prix.

Le droit de *grand scel* existait dans tous les contrats,
ainsi que les droits d'étalage et égaudillage de « toutes
les mesures, boisseaux, ou potz, ou « soillottes ». Les
mesures devaient être marquées aux armes de la baronnie; si cette formalité n'était pas remplie, la marchan-
dise était confisquée, et le malencontreux vendeur se
voyait condamné à solder dix livres d'amende.

« Toutes épaves trouvées dans le territoire de ladite

(1) Archives departementale-, B. 10, 759

« baronnie, confiscations et déshérences de biens vac-
« quants appartenaient au dit seigneur ».

Le chapitre de Thil, composé d'un doyen et de six
chanoines, jouissait aussi de certains droits sur Pont-
d'Aisy. Avec quelques réserves surchargeant diverses
propriétés, il levait des dixmes dans toute l'étendue du
territoire. Ce prélèvement s'exerçait sur 14 gerbes
l'une.

Nonobstant ces redevances fort lourdes, d'autres taxes
frappaient encore les hommes et les propriétés. Le seigneur de la Rochette avait son tour dans ce débordement de misère, broyant le travailleur. Dixmes et tierces
venaient grossir les greniers du châtelain, et il s'oc-
troyait des poules de coutume dont le dépècement, dans
les festins, n'était pas sans charmes.

Les pâtes du vilain ne pouvaient être cuites dans un
four lui appartenant, il devait les porter au *four banal*,
sous peine d'amendes et de confiscation des dites
pâtes.

Par le droit de *chasse*, il était interdit aux habitants
de Pont-d'Aisy de chasser dans leurs propriétés; et ils
ne devaient pas, non plus, laisser leurs chiens vaquer
librement dans les champs, sans être munis préalable-
ment d'un bâton suspendu au cou. Ce morceau de bois
appelé un *landon* les empêchait de poursuivre le gibier
à poil, alors fort abondant.

A certains moment de l'année les hommes eux-
mêmes étaient mis à contribution par le seigneur. Les
pauvres paysans, nés uniquement pour la satisfaction
des nobles, étaient obligés, bien à regret, de quitter
leurs chaumières, leurs familles et leurs occupations
habituelles pour se rendre à la *corvée*. Là, ils exécu-

taient les travaux nécessaires au château, dans les propriétés seigneuriales, ou sur les chemins aboutissant au manoir. Après avoir sués, géhennés sous la férule du maître, ils revenaient brisés, reprendre leur place au foyer.

A ces iniquités honteuses, il faut ajouter la taille, la capitation, les aydes, etc., qui étaient perçus naguère au profit des ducs de Bourgogne, et plus tard bénéficièrent à Sa Majesté.

Des collecteurs délégués par les fermiers généraux parcouraient les campagnes; moyennant quelques avantages pécuniaires se chargeaient de recueillir les impositions, prenant les formes les plus diverses. Mais, malheur à celui qui ne pouvait se mettre en mesure avec le fisc!... Quand toutes ces taxes étaient acquittées que devait-il rester au malheureux ?...

Si tous les impôts que je viens de mentionner ont laissé un triste souvenir parmi le peuple, il en est un, cependant, qui a été flétri par-dessus tout, et énergiquement réprouvé par nos pères : c'est la *gabelle*, ou impôt sur le sel, dont le roi avait exclusivement le monopole.

Cet objet de première nécessité ne pouvait être acheté que dans les greniers à sel et à un prix exhorbitant. Chaque personne ayant atteint l'âge de sept ans, devait consommer sept livres de sel dans le cours de l'année. De sorte que pour se procurer cette denrée, les pauvres se voyaient, très souvent, dans la cruelle nécessité de s'imposer des sacrifices extraordinaires.

Les sergents royaux, plus d'une fois, saisirent la récolte de ceux qui ne pouvaient saler leurs aliments. On raconte que Louis XIV, traversant la Bourgogne, une femme du baillage de la montagne, je crois, fendant la foule qui poussait des acclamations joyeuses, s'approcha le plus près possible du monarque et l'apostropha en ces termes: « *Au moins, vo devrint faire diminuer lai sau* ». Le roi sourit, mais le sel ne baissa pas de prix.

Des réformes devenaient donc urgentes et les abus grossissant devront être sapés dans leur base : ce sera la tâche du XVIIIe siècle.

VI

Lorsque Gustave-Adolphe, roi de Suède fut tombé aux champs de Lutzen en 1632, Richelieu ramassa cette épée qui avait été portée par des mains viriles, et intervint à son tour dans la guerre de Trente Ans. Des armées s'organisèrent sur nos frontières et la lutte s'engagea de part et d'autre : la France qui commençait à se régénérer par des idées de liberté fut heureuse partout. Une invasion tentée en Bourgogne, par les Impériaux, sous les ordres de Galas, ne réussit pas. Le vieux souffle d'indépendance qui avait toujours animé la Province, sous ses anciens ducs, ne s'était pas éteint. Saint-Jean-de-Losne, par un acte d'héroïsme, digne des beaux jours de la Grèce, arrêta 80,000 ennemis (1636). Cette glorieuse petite cité nous a laissé un des plus beaux exemples de patriotisme qu'on rencontre dans l'histoire. Honorons ces modestes héros, qui jurèrent de mourir sous les ruines de leur ville plutôt que d'abandonner leur devoir et subir le joug de l'étranger. La place de la *Délibération* doit demeurer pour nous le symbole de l'honneur et du dévouement !...

La guerre se poursuivait sans relâche, entraînant à sa suite tous les maux qu'engendre cette terrible plaie sociale. Des pestes et des famines décimèrent la Bourgogne et la Franche-Comté, où la lutte sévit parfois avec intensité. Le calme et la tranquillité ne réapparurent que par le traité de Westphalie, signé entre les belligérants le 24 octobre 1648. Cet acte assurait la préséance que la France avait déjà eu naguère au temps des croisades, parmi les nations européennes.

Les troubles de la Fronde n'eurent que peu d'influence en Bourgogne ; cependant lorsque le Grand Condé fut proscrit, la Province ne reconnut pas le duc d'Epernon, son successeur. Le nouveau gouverneur se vit dans la nécessité de faire le siège du Château de Dijon. La ville de Seurre, où s'étaient retirées une partie des troupes de Condé, avait été prise d'assaut et les murailles démantelées.

L'aristocratie, déjà terrassée par Richelieu, sortit assouplie et servile des mains de Louis XIV. La féodalité, devenue noblesse, verra sombrer sa dignité au milieu des plaisirs de la cour de Versailles. Désormais, les rivalités de châteaux sont éteintes, et le paysan, sur qui retombaient tous les horions dans les temps de prouesses valeureuses, a une situation moins précaire de ce côté. Les taxes arbitraires seront supprimées et la cour des Aydes en fixant la quotité, applanira les différents, survenus entre suzerain et vassal.

Louis XIV, le plus despotique de nos rois, lança la France dans des guerres perpétuelles qui épuisaient le trésor. En second lieu des fêtes, sans cesse renaissantes, et des dotations nombreuses accordées à des favoris, ou des cadeaux aux dames de la Cour, nécessitaient la création de nouveaux subsides. La Bourgogne succombant sous les charges, les élus écrivirent, en 1694, à M. de Pontchartrain, contrôleur général des finances, une lettre pressante où ils dénonçaient les maux de la Province :

« Jugez, Monseigneur, disaient-ils, de la misère où
« sont réduits les peuples de la Province : Ils meu-
« rent déjà communément de pure faim et principa-
« lement dans le Charolais et l'Autunois, où il y a
« deux mois qu'ils ne vivent, pour la plupart, que de la
« seule racine de fougère. Ils sont attroupés dans les
« bois d'où ils volent tout ce qu'ils peuvent attraper; ils
« mettent le feu la nuit dans les métairies afin que le
« bétail se trouvant accablé dans les incendies, ils
« puissent en dévorer les restes ».

Aussi, lorsqu'on apprit sa mort, des feux de joie s'allumèrent aux carrefours et il y eut des farandoles autour.

Donc, à ce moment le sort des Bourguignons était intolérable ; dans un arrêt rendu cont[re] un fermier de la gabelle, il est consigné que dans la campagne, on ne trouvait d'autre nourriture que de l'herbe et de l'avoine...

Les charges imposées à l'agriculture étaient si considérables et si onéreuses, que les terres abandonnées restaient en jachères, et les ronces envahissaient le sillon. Plus aucun crédit n'existait, l'argent devenait si rare, que les personnes les plus solvables ne trouvaient pas à emprunter au taux de 20, 30 et même jusqu'à 80 pour cent. Les agents du gouvernement, pour la plupart, ne touchaient aucun traitement, certains ambassadeurs se trouvaient dans un dénument si complet, qu'ils ne possédaient pas de quoi payer le port de leurs lettres.

Tel était l'état de choses lorsque s'ouvrit le XVIIIe siècle; les iniquités sociales atteignent leur comble; la philosophie revendiquera, au nom du peuple, les droits de la Justice et de la Liberté.

La prophétie de Joachim de Flore allait avoir son accomplissement, quand du fond des ténèbres du moyen-âge il s'écriait, comme avec un accent inspiré: « Il est écrit, beaucoup de choses passeront, mais la science ira se multipliant ». Des esprits éminents avaient surgi, et comme le dit V. Hugo, parmi eux il y avait des cimes: « Montesquieu, a fait dans la loi des « fouilles si profondes, qu'il a réussi à exhumer le « droit ».

Voltaire, dominant tout le siècle, avec son large rire, a sapé la crédulité et la superstition; combattant avec sa verve audacieuse, il vainquit l'injustice régnant en souveraine sur l'humanité tout entière. L'antique dogme terrassé par le sarcasme est demeuré comme anéanti sous le poids de ce géant.

Rousseau, sévère, implacable, a déchiré le voile qui recouvrait le despotisme et a révélé à l'homme ce qu'était le citoyen. De même que, dans l'*Emile*, il sut apprendre à la femme le rôle de mère.

Mais voici venir les *Encyclopédistes*, vraie pléïade de penseurs, philosophes et littérateurs. Par leur savoir étendu, leur vaste érudition, ils agrandirent le champ des connaissances humaines. Ce sont eux qui accumulèrent les matériaux devant servir à ouvrir les voies à la *Révolution Française*.

Diderot, assoiffé de justice, cœur tendre et intelligence d'élite, jeta les bases de ce gigantesque travail, s'élevant comme un immense porche en avant du XIXᵉ siècle.

D'Alembert, mathématicien, esprit pondéré, écrivait cette préface, si remarquable par la science et la largeur de vue. Enfin lorsqu'apparut l'étoile de 89, de profondes assises étaient établies et l'œuvre d'émancipation politique et sociale pouvait commencer !...

Pendant que se préparaient les évènements devant conduire la France à ses destinées par une marche inflexible, inexorable, le château de la Rochette paraissait, lui aussi, vouloir se démocratiser en devenant la propriété de Lazare Genglerre. Mais cette résidence aristocratique ne demeura que pendant bien peu d'années en des mains plébéiennes. Vers 1650, la famille de Clugny y réintégrait ses pénates et les Genglerre allaient fixer leur résidence à Précy où ils sont qualifiés du titre honorifique de bourgeois du lieu.

Barthélemy de Clugny, l'aîné des fils de Charles, eut en apanage les seigneuries d'Aisy, Pont-d'Aisy, Chastenay-Saint-Pierre, ainsi que la baronnie de Grignon, mais il mourut en 1663, en pleine vigueur, âgé de 43 ans, précédant de six années son père dans la tombe.

Ayant épousé Magdeleine de Menou en l'année 1648, cinq enfants naquirent de cette union. Ce furent : Louis-Charles, né le 3 avril 1649. Charles, le second, vint au monde le 1ᵉʳ octobre 1650. Anne et Marie-Jacqueline, sœurs jumelles, virent le jour le 24 mars 1653, et enfin Charles-Barthélemy naquit le 18 octobre 1657.

Louis-Charles, l'aîné, bénéficia des terres d'Aisy et de Pont-d'Aisy, ainsi que de plusieurs autres seigneuries. D'ailleurs, par la nomenclature de ses titres on peut

juger de ses possessions territoriales. Les actes publics
le désignent ainsi : Chevalier, seigneur de Grignon,
baron d'Aisy, Pont-d'Aisy, des Granges, Seigny, Benoi-
sey, Saint-Pierre-en-la-Vallée-d'Aillan et autres places.

De son épouse, Dame Marie-Thérèse Viart, il eut une
fille, Magdeleine, née au château de Montille le 2 janvier 1683.

Il est le dernier des seigneurs de la famille de Clugny
qui ait possédé les châteaux d'Aisy et de Pont-d'Aisy.

Les membres de la maison de Clugny, formant de
nombreuses ramifications, se distinguèrent toujours par
leur bravoure et leur intrépidité sur les champs de
bataille. La patrie n'eut assurément pas de défenseurs
plus dévoués.

La noblesse qui tenait ses faveurs et ses privilèges de
la monarchie payait souvent d'ingratitude sa bienfaitrice;
mais la famille de Clugny demeura constamment fidèle
au roi, qui naturellement la comblait de titres et
d'honneurs.

Les Clugny d'Aisy, dont j'ai déjà reconnu précédemment la popularité, outre l'amitié du monarque, qui ne
leur faisait pas défaut, jouissaient donc aussi de la con-
sidération et du respect de leurs vassaux : choses assez
rares sous un régime qui semait trop souvent la haine
et la violence.

VII

La Bourgogne conserva toujours le privilège exclusif
de s'administrer elle-même : comme pays d'Etats, elle
jouissait d'une liberté plus grande que certaines provinces privées du système électif. Ses finances gérées
par les Elus généraux se maintinrent dans une prospé-

rité relative ; malgré les gaspillages de la monarchie, cette dernière n'osait pas toujours porter une atteinte sérieuse aux prérogatives des trois ordres.

L'instruction elle-même, sous l'impulsion du régime municipal qui avait pu se perpétuer à travers les âges malgré de nombreuses vicissitudes, il faut l'avouer, assurait une prépondérance intellectuelle que ne connurent jamais des provinces voisines.

Aussi, n'est-il pas surprenant que sous un gouvernement vivifié par les effluves bienfaisantes d'une liberté très limitée, sans doute, le progrès n'ait pas périclité ou plutôt ait prit un léger essor.

Chaque fois que l'intelligence a été fécondée par ce génie puissant, la pensée suivait une marche ascendante et on constatait la diffusion des connaissances humaines.

Si tant de grands hommes ont illustré notre vieille Bourgogne et ont fait révérer son nom, cette gloire est due à ses idées d'indépendance qui lui firent regarder l'instruction comme le Palladium des peuples.

Cet amour des sciences, des lettres et des arts, s'est perpétué et la terre bourguignonne enfante encore des hommes de talent et de génie qui concourent à sa prospérité.

Quoique la science aille sans cesse augmentant elle est immuable dans ses principes ; mais l'enseignement, lui, est aussi variable que les sociétés humaines, dont il est l'émanation.

En se modifiant avec les temps, et en subissant des transformations inéluctables, comme toutes les choses de la nature, il ne fait qu'obéir aux lois évolutives ; d'ailleurs, la stagnation serait la mort.

Certes, si les invasions des Barbares avaient fait rétrograder la belle civilisation gallo-romaine, quelques esprits supérieurs conservèrent encore un reste de ce flambeau qui avait illuminé l'ancien monde.

Cependant, Karle-le-Grand fut le premier qui ranima la vie intellectuelle dans la Gaule-Franke, en fondant des écoles.

On le vit s'entourer de savants éminents, qui donnèrent une brillante impulsion à la littérature tombée en désuétude. Parmi les vastes esprits qui jetèrent un reflet éclatant, à cette époque, il faut signaler l'Anglo-Saxon Alcuin. Le rôle prépondérant qu'il remplit, en enseignant avec succès, à l'école du Palais, où Karle-le-Grand apparaissait sur les bancs comme élève, en fait une de nos anciennes gloires professorales.

Bientôt cette école du Palais, ainsi que celles qui avaient été fondées dans les monastères ne suffirent plus à contenter les idées : un besoin de discuter et d'argumenter s'était emparé des esprits, et sous des maîtres habiles l'enseignement libre prenait naissance.

Une nouvelle génération, désireuse de s'instruire et avide d'acquérir cette science salutaire qui vivifie, avait vu le jour, en même temps que la Révolution communale émergeait des ruines du passé. Avec l'inauguration de la Liberté, de nouveaux horizons étaient entrevus, et l'homme en secouant la lourde servitude féodale qui l'oppressait, débarrassait aussi son esprit des nombreuses entraves que forge l'ignorance.

Le large développement pris à ce moment par l'instruction, donna satisfaction à l'activité intellectuelle renaissante.

A l'instar de Paris, des Universités se fondèrent en

province : les premières ébauches eurent lieu sous
Philippe-Auguste, qui leur donna des privilèges et des
statuts. Dès lors, le vrai enseignement était établi en
France, et cette dernière se trouva dotée d'institutions
qui feront, plus tard, sa gloire et sa splendeur.

Quels que soient les divers degrés dont l'enseignement est prodigué, il a toujours une mission noble et
élevée à remplir. il tend constamment au même but :
perfectionner l'homme, étendre ses facultés tant physiques que morales, afin de le faire parvenir à une destinée meilleure.

L'instruction primaire, qui est l'assise fondamentale
sur laquelle s'édifie tout savoir, a une importance qui
ne peut être récusée A quelque époque qu'on se reporte,
tous ceux qui s'occupèrent de l'éducation de la jeunesse
en ont compris la haute portée. Penseurs, philosophes
et litt rateurs ont admis que l'essence du Progrès est
dans la première éducation et que la prospérité du pays
réside dans ses établissements pédagogiques.

En effet, dans la lutte acharnée pour l'existence,
l'instruction n'est pas une des armes les moins redouta-
bles ; les mieux doués l'emportent de beaucoup sur
leurs compétiteurs, et le talent jouit d'une haute supériorité. On l'a répété bien des fois : la bataille de
Sadowa a été gagnée par les instituteurs !

La noble croisade entreprise contre l'ignorance
recrute ses adhérents non seulement dans les cités
populeuses, mais l'humble village se mêle aussi à ce
combat opiniâtre contre l'obscurantisme.

Le moyen-âge, malgré des époques de décadence
intellectuelle, eut, dans les campagnes, des recteurs
d'école dont la science était bien modeste, sans doute,

mais néanmoins ils initiaient la jeunesse villageoise à ces premières notions qui doivent déjà servir de guide dans la vie.

A un temps où les puissants de la terre se faisaient gloire de leur ignorance et dédaignaient la culture des lettres, les déshérités de la fortune s'honoraient, au contraire, d'acquérir toutes ces connaissances qui ornent l'esprit.

Mais ce ne fut qu'après la découverte de l'imprimerie que l'impulsion donnée à l'intelligence fut vigoureuse et que le progrès se manifesta avec plus d'intensité.

La Bourgogne accueillit cette invention merveilleuse par des démonstrations enthousiastes dignes de la terre de prédilection des sciences, des lettres et des arts. Sur ce sol, où germa tant d'idées généreuses, on comprit qu'en conjurant la servitude de l'âme on annihilait l'esclavage du corps.

Cet effort constant pour élever l'intelligence se continua sans relâche, lorsque, inventions et découvertes se succédant, le moyen-âge eut clos son ère néfaste (1453).

Les villages eux-mêmes, par une marche lente mais progressive, allaient s'émancipant, et les rudes mœurs des siècles précédents, tant déplorées par de vieux chroniqueurs, s'adoucissaient peu à peu. Jacques Bonhomme s'affinait avec la civilisation ascendante, ses besoins devenant moins pressants, il oubliait ses instincts primitifs.

Pont-d'Aisy participa à ce renouveau, et tout en s'efforçant d'améliorer sa situation matérielle, il n'oubliait pas non plus ses nécessités morales.

Comme le chiffre peu élevé de la population de ce

village et la modicité de ses ressources ne lui permettaient pas d'avoir un recteur d'école pour lui seul, il se rattachait à Aisy-sous-Thil pour l'enseignement.

En remontant dans le passé, le plus ancien de ces éducateurs de la jeunesse, dont j'ai pu recueillir le nom, s'appelait Lecan, il remplissait ces utiles fonctions vers 1640. Son successeur Grattery Claude épousa Jeanne Petitot ; il tint l'école de 1657 à 1672.

Ce fut Gilles Desvignes qui le remplaça, mais ce dernier dirigea la classe deux années seulement, de 1672 à 1674.

Après, vint Charles Logeat, né à Vic-sous-Thil d'une famille de laboureurs. L'année même de son installation il épousait le 16 avril 1674 Claudine Bourgogne, originaire de Roilly, âgée de 25 ans, veuve de René Finot d'Aisy. Charles Logeat fut suppléé dans ses fonctions pendant 8 mois, par Jacques Grattery qui tint la place de mai 1675 à janvier 1676. A ce moment Logeat réintégrait son école dont il eut la direction jusqu'au mois d'avril 1679.

Son remplaçant Pierre Durand disparut à son tour en 1683 ; précédemment il eut la douleur de perdre sa femme, Colombe Genty, inhumée le 14 novembre 1680.

Colin François ne fit qu'un court passage dans l'enseignement, à Aisy, car en juin 1684 réapparait Charles Logeat, qui lui-même laissait la place en 1700 à son gendre François Cheuvrot.

En 1713, Joseph Velin continuait la tâche modeste laissée par François Cheuvrot et la remplissait jusqu'en 1720.

Mais lorsqu'il abandonna cette carrière, un nommé

JÉROME DANTON devint titulaire de l'école. Pendant sept ans il exerça sous le pseudonyme de *Louis Vincent.*

Les recherches auxquelles je me suis livré ne m'ont pas permis de déterminer la cause de cette substitution. Peut-être avait-il à son actif quelques légères peccadilles de jeunesse qui lui eussent nui auprès de ses supérieurs ?

Peut-être n'avait-il pas les aptitudes nécessaires ?

Quoiqu'il en soit, il se présenta auprès de P. Bizouard, curé d'Aisy, muni d'un certificat de bonne vie et mœurs au nom de son ami Louis Vincent ; cette fraude lui permit d'être agréé et de se livrer à l'enseignement.

Il reprit son véritable nom en 1728 et continua d'exercer jusqu'en 1731. Veuf en première noce de Jeanne Baribergarde qui décéda le 2 avril 1720, à 62 ans, il se remaria peu de temps après avec Pierrette Valot.

Joseph Velin, déjà recteur précédemment, reprit ses anciennes fonctions et les continua jusqu'à sa mort survenue le 4 octobre 1734.

Le maître qui recueillit son héritage fut PIERRE LEGRAND, natif de Vic-de-Chassenay. Agé de 22 ans, lorsqu'il vint enseigner à Aisy, il épousa deux années après Anne Judrin, dont la dot rondelette, composée presque exclusivement de propriétés, lui permit d'abandonner la carrière enseignante pour se livrer à l'agriculture.

Cette union fut loin d'être stérile, car sept enfants en naquirent; leurs descendants quoique ne s'étant pas maintenus sur la même base de prolificité subsistent encore dans le village.

Bien que la plupart des recteurs fissent un séjour peu prolongé à Aisy, il n'y eut cependant, aucune interruption dans les études. A peine Pierre Legrand avait-il quitté son poste que FRÉREJEAN, CLAUDE, le remplaçait aussitôt et tenait l'école de février 1736 à juillet 1743.

Son successeur immédiat, JUNOT, EDME, demeura seulement jusqu'en 1745.

CAILLOT, FRANÇOIS, vient ensuite; ce maître professa pendant 14 ans, mais il succomba à la tâche le 1er décembre 1759, âgé de 56 ans. Cette mort survenait 6 jours après celle de sa femme, Reine Bouhot, décédée dans sa cinquantième année.

Celui qui fut appelé à recueillir la succession de F. Caillot, nommé PIERRE CHOPPART, avait été vraisemblablement menuisier dans sa jeunesse. Par son travail, son activité et son intelligence, il était parvenu à acquérir une somme d'instruction assez forte pour diriger une école.

Quand Pierre Choppart reçut sa nomination, il était âgé de plus de 50 ans et exerça de la fin de 1759 jusqu'au premier jour de janvier 1773. En délaissant son école, sans doute obligé à cet abandon par son âge avancé, il reprit la varlope et continua sa profession de menuisier, qui avait été beaucoup négligée, pendant ses 14 années d'enseignement.

Marié avec Claudine Cheminée, cette dernière mourut le 30 novembre 1783, âgée de 72 ans, tandis que Choppart lui survivait de quelques années.

Enfin le dernier recteur d'école, qui devint plus tard le premier instituteur de la Commune, lorsque la Convention nationale eut décrété la loi sur l'instruction primaire, fut PHILIBERT SIMONIN, originaire de Villars-lès-Semur. Il vint s'établir à Aisy au commencement de l'année 1773, c'est-à-dire aussitôt la rentrée de son prédécesseur dans la vie privée.

La tradition rapporte que ce fut un maître intelligent et dévoué, à la hauteur de la tâche qu'il avait acceptée. Lorsque la Révolution éclata, il en adopta les idées et les principes avec enthousiasme, comme d'ailleurs tous les habitants d'Aisy et de Pont-d'Aisy. L'avènement de la République combla ses désirs, il la salua comme le gouvernement le plus capable d'assurer les droits du peuple.

Philibert Simonin épousa, le 13 juin 1775, Edmée Judrin, d'Aisy, de laquelle il eut plusieurs enfants. Mais deux fils seulement survécurent à leurs frères et sœurs, décédés en bas âge. Ces deux premiers, dans une carrière longue et laborieuse, ont su conserver intacts les principes d'honnêteté et de libéralisme qui honorèrent l'auteur de leurs jours.

Dans ce passé déjà lointain, dont j'esquisse quelques traits, on chercherait en vain des règlements ou des programmes régissant l'enseignement primaire. On ne rencontre aucune méthode théorique présidant aux études, l'empirisme régnait en souverain. Les recteurs choisis par les curés, sous la dépendance exclusive de ces derniers, se devaient tout entier au service de l'Eglise, lequel primait donc, nécessairement, les droits de l'école.

On comprend que sous de tels auspices, l'instruction du peuple aurait été distribuée très parcimonieusement. Mais il est à croire que la dignité des maîtres ne s'accommodait pas toujours de cette ingérence et que bien des fois ils s'écartèrent de l'étroite voie qui leur était tracée.

Cependant, soit négligence, soit parfois que la misère de ces temps fit oublier les besoins moraux, il m'a été loisible de constater que beaucoup d'habitants de Pont-d'Aisy ne profitèrent pas de la facilité qui leur était donnée pour s'instruire. Un grand nombre de personnes se trouvaient dans l'impossibilité absolue de signer leur nom...

Comme je viens de le dire, aucune méthode d'enseignement, basée, comme aujourd'hui, sur l'étude attentive du développement intellectuel de l'enfant, n'existait à cette époque; mais l'argument péremptoire était le fouet.

Pendant tout le moyen-âge et même à un temps plus rapproché de nous, les châtiments corporels étaient en usage dans les écoles; la paresse, l'indiscipline et l'inattention se punissaient avec une sévérité impitoyable. Quelques philosophes essayèrent de protester contre cette brutale éducation. Saint-Anselme, du fond de l'abbaye du Bec, éleva la voix en faveur des malheureux élèves; mais ses paroles, sans écho, se perdirent avant de produire un résultat utile. *Serra dorsum*, gare au dos, s'écriait le vieux maître en laissant sa férule s'abattre vigoureusement sur les épaules de sa victime.

Si nos pères subissaient sans récriminations ces brutalités qui nous révoltent, c'est que, moins que nous, ils avaient souci de la matière et considéraient le corps comme une vile guenille indigne de l'esprit.

Cette étude sur le Château de la Rochette m'a conduit à des digressions, peut-être un peu prolixes parfois, sur les faits contemporains de cette ancienne résidence seigneuriale. Comme la fin de ce manoir concorde justement avec la Révolution française, il me semble rationnel de clore à cette ère remarquable, où un monde nouveau s'affirme, toutes les descriptions historiques accessoires qui se rattachent cependant à mon sujet principal.

VIII

A mesure que les temps se marquaient au sablier de l'histoire, de nouvelles idées se faisaient jour avec le mouvement civilisateur. La Barbarie, dont Raoul Glaber déplorait si amèrement, au IXᵉ siècle, les effets désastreux, s'était émoussée, et la société, laissant là sa turbulence, acquérait des mœurs plus douces et plus affables.

La Renaissance, qui fut une époque de transition entre les subtilités scolastiques et la vraie science, engageait, néanmoins, une lutte décisive contre le vieux monde, ne cédant le terrain que pas à pas.

Les recherches des savants et de nombre d'érudits, guidés par la lumière de la saine raison, mettaient sur les traces du vrai dans les sciences et atteignaient le beau dans les arts. Délaissant là toute la dialectique du Moyen-Age, on revenait au culte de l'antiquité.

Cette marche constante vers des conceptions plus élevées aurait vraisemblablement amené l'humanité à franchir de plus longues étapes dans les voies de la sagacité, si l'intolérance religieuse n'eût ameuté les passions.

Il est avéré que des instincts de férocité se réveillent, presque spontanément, et sans qu'on puisse en expliquer la cause ; les sociétés, sous cette poussée morbide, aussi bien que les individus, se livrent aux actes les plus odieux.

La bizarrerie de ce phénomène de psychologie atavique, où des caractères ancestraux de brutalités primitives réapparaissent chez des descendants très éloignés, a laissé des traces sanglantes dans nos annales nationales.

Ne serait-ce pas à un de ces retours en arrière qu'il faudrait rapporter la dureté, ou plutôt la cruauté dont firent preuve les successeurs de la famille de Clugny, à Aisy et à Pont-d'Aisy? Les Dubois d'Aisy, sous des dehors raffinés, apportèrent comme don de joyeux avènement, à leurs nouveaux vassaux, une rudesse et une morgue auxquelles ces derniers n'avaient pas été habitués sous leurs anciens maîtres.

Par cette loi régressive qui fait surgir, à travers les âges, des imperfections morales, inhérentes aux races dans l'enfance, nous sommes reportés jusqu'aux conquérants de la Gaule, à ces Franks Ripuaires qui ne reconnaissaient d'autres droits que ceux que leur donnaient la framée et la francisque.

Ce fut vers 1690 que Messire François Dubois, gouverneur de la forteresse d'Ebergbourg, en Palatinat, vint prendre puissance et autorité sur les seigneuries d'Aisy et de Pont-d'Aisy. Originaire du Nivernais, il ne dérogea pas aux instincts belliqueux et chevaleresques de la noblesse française d'où il était issu, et sa vaillance lui permettait d'envisager le danger avec sang-froid.

Pendant les opérations militaires qui s'accomplirent sur la rive gauche du Rhin, en 1692, alors que le maréchal de Lorges, caractère peu énergique, dirigeait le corps d'occupation, le langrave de Hesse-Cassel vint résolument attaquer Ebergbourg. Le valeureux commandant de la forteresse, à la tête d'une poignée de braves, résista avec un courage et une opiniâtreté dignes du plus grand éloge.

La constance héroïque des assiégés, et aussi les pertes éprouvées par les Allemands, forcèrent ces derniers à lever le siège de cette place de guerre.

Louis XIV éprouva une telle satisfaction de ce beau fait d'armes, qu'il accorda une pension de 1,500 livres à François Dubois, en récompense de cette action d'éclat.

Il est donc le premier des châtelains de ce nom qui ait habité les deux résidences seigneuriales que je viens de nommer.

Du mariage contracté avec dame Jeanne Martin, F. Dubois eut deux enfants : Esprit-Frédéric et Charlotte. Après sa mort survenue en 1694, ses terres d'Aisy et de Pont d'Aisy échurent à son fils, qui hérita aussi des qualités guerrières de son père. Capitaine au régiment de Fersac, il dut maintenir une discipline sévère parmi sa compagnie.

Il s'allia à une des plus nobles familles du baillage de la montagne, Mademoiselle Marie-Louise de Hume de Chérisy. Ce mariage qui s'accomplit à Villedieu, au château de Messire Louis de Hume de Chérisy fut loin de laisser péricliter la lignée des Dubois d'Aisy. En effet, de cette union cinq enfants virent le jour, ce sont: Louis, né le 24 avril 1717, Jeanne-Charlotte, le 31 juillet 1718, Guye-Armande, le 8 octobre 1720, Marie-Claude-Elisabeth, le 21 avril 1723; enfin Jacqueline qui vint au monde le 1er mai 1727, laquelle, par suite d'un accès d'humeur joviale de son noble père, eut pour parrain et pour marraine les deux plus misérables habitants de la localité.

Depuis les premiers jours de l'établissement de la

monarchie Franke, jusqu'à l'instant où apparut l'astre de la Liberté, on ne vit nul seigneur maintenir l'intégrité de ses prérogatives avec autant de jalousie que les Dubois d'Aisy.

Les droits féodaux, afférents aux terres d'Aisy et de Pont-d'Aisy, étaient perçus avec une sévérité et une cupidité immodérée : il n'était fait ni quartier ni ménagement à l'humble paysan, obligé souvent de s'imposer de dures privations, afin de pouvoir se libérer des charges onéreuses qui lui incombaient.

Aux jours déterminés les corvées s'exécutaient avec ponctualité, car aucune excuse n'était valable et les contrevenants subissaient la loi du talion.

Parmi les corvées vexatoires qui surchargèrent tant nos pères, faut-il rappeler ce droit odieux, abject, humiliant, qui consistait à déléguer, chaque nuit, plusieurs roturiers, pour battre l'eau des fossés du château, afin d'imposer silence aux grenouilles, dont le coassement désordonné et intempestif troublait le repos des maîtres de céans ?...

Pauvres *gueurnouilleis*, armés de vos longues *gaules*, que ces nuits vous parûtes tristes et monotones. Votre dignité se révolta bien des fois, sans doute...; mais les temps n'étaient pas encore venus ? Vous continuiez votre tâche en rongeant votre frein ! Vos sombres rêveries n'étaient interrompues que par le clapotement de l'eau, et le pas mesuré du guetteur de nuit...!

De cet antagonisme entre noble et manant, le dernier était toujours vaincu et bafoué : les éléments eux-mêmes semblaient se liguer contre lui.

Des anomalies survenant dans les saisons, occasionnaient des perturbations atmosphériques qui détrui-

saient les récoltes en terre et provoquaient ces horribles
famines, dont l'histoire nous décrit les effets lamen-
tables. Le peuple a conservé le souvenir douloureux de
l'hiver de 1709, qui fut surnommé à juste titre « *le
grand hyver* »; non seulement la tradition a perpétué
la mémoire de ce phénomène météorologique désastreux, mais voici comment s'exprime un curé bourgui-
gnon, témoin oculaire de cette calamité publique :
« L'année 1709, le sixiesme de janvier, à deux heures
« après midy, le soleil étant opposé à Saturne, il s'éleva
« une bize si forte et apporta un froid si sanglant, qu'il
« était en son dernier degré, et jamais il ne s'est peut-
« être fait une froidure plus rigoureuse qui dura jus-
» qu'au mois de mars. La terre était couverte de neige
« et les bleds auraient été conservés si elle eust tou-
« jours tenüe; mais le jour elle fondait, et, la nuit, le
« temps s'éclaircissant, il gelait plus fort qu'aupara-
« vant, et toujours en augmentant, et cela à trois ou
« quatre reprises, de sorte que, n'y ayant plus de neige
« sur la terre qui pû conserver les bleds, et la gelée se
« fortifiant toujours, enleva de terre et déracina enfin
« les dis bleds ; les campagnes auparavent couvertes de
« verdure ne paraissaient plus qu'une terre stérile, à
« peine pouvait-on trouver un poil de bled, et la plus-
« part étonnés de ce spectacle, allaient dans les champs
« creuser et fouir la terre pour voir s'ils ne trouve-
« raient pas encore le germe, mais inutilement. Les
« pauvres gens faisaient courir le bruit que les bleds
« ressusciteraient à Pasques; mais leur espérance fut
« vaine et tout à été perdu..... Le bled monta aussytost
« à un prix excessif, et ceux mêmes qui en avaient ne
« voulaient en vendre, et le cachaient dans les chemi-

« nées qu'ils faisaient murer : on vendit le dit grain
« jusqu'à quatorze francs le froment, douze livres le
« seigle, six livres l'orge et quatre francs l'avoine ;
« quelque chers qu'ils fussent, personne ne voulaient
« vendre ; dans les marchés, on se l'arrachait des mains
« et chacun en voulait avoir pour son argent, les plus
« forts l'enlevaient, et les faibles étaient malheureuse-
« ment foulés aux pieds, avec leur argent en mains. Il
« se faisait des séditions et des tumultes terribles ; les
« pauvres gens qui n'avaient ni bleds ni argent avaient
« déjà pris la résolution de voler, personne n'osait se
« mettre en campagne pour faire voyage... Tous
« croioiant périr de faim. . on en a trouvé dans les
« bois proche des buissons, dans les campagnes et sur
« les chemins, les uns demi morts, d'autres déjà expi-
« rés, et quelqu'uns si languissans et si pressés de la
« faim qu'ils ne pouvaient faire un pas... C'estoit une
« chose pitoyable de voir toutte sorte de personnes
« dans les prairies cherchant des herbes et pâturant
« comme les bestes ; leurs visages décharnés, pâles,
« livides, noirs, abattus, leurs corps chancelans, sem-
« blables à des sequelettes, faisaient peur aux plus réso-
« lus... Le pain d'avoine s'est vendu jusqu'à cinq sols la
« livre, et, dans le Charollais et le Morvand, la pluspart
« ne vivoient que de pain de fougère (1) ».

D'un appel qui avait été adressé par un comité de
charité à la population aisée de Paris et de la Province,
il est relaté que la France entière avait été frappée par
cette catastrophe et que partout on mourait de faim.

Les chemins étaient devenus de véritables coupe-

_____

(1) Registres paroissiaux de Saisy (Saône-et Loire), GG année 1709.

gorges, et l'administration, pour effrayer les voleurs, avait fait dresser de distance en distance des poteaux patibulaires auxquels on suspendait les brigands. Comme les armes à feu jouaient un rôle très actif dans les attaques, il était interdit de vendre de la poudre et du plomb aux paysans.

La panique était si grande, que la nuit arrivée, on n'osait plus circuler, même dans les rues des villages. Les bandits, ne trouvant plus de passants attardés à détrousser, se réunissaient deux à trois cents et faisaient le siège des pays isolés, où ils savaient avoir du grain et s'en emparaient. Du côté d'Autun, dans une de ces attaques il y eut plusieurs personnes tuées.

Dans le Morvand le clergé organisait des processions, afin de faire cesser le fléau; mais les puissances célestes demeuraient sourdes à toutes les conjurations.

Le régime despotique et capricieux de Louis XIV, au lieu de porter remède à la misère générale, au contraire, aggravait le mal. La révocation de l'édit de Nantes (1685) avait déjà porté, précédemment, un coup décisif à notre commerce et à notre industrie.

De sorte que le travailleur, sous ce gouvernement du bon plaisir, voyait avec regret la meilleure part de son travail s'évanouir sans produire aucune utilité. Devant lui se dressait le fantôme de la ruine et peut-être la honte de la Patrie ! L'incurie de la monarchie et de la noblesse ira précipitant la marche des événements, et rien, désormais, ne pourra entraver le dénouement fatal.

Il semble qu'en ces temps-là, un mal ne disparaissait que pour être remplacé par un autre plus virulent. A peine commençait-on à réparer les désolants effets causés par l'hiver de 1709, que cinq années après, un fléau non moins terrible que le précédent s'abattit sur la France et jeta la consternation dans tous les villages. Une épizootie épouvantable étant survenue en 1714, causa la ruine de presque tous les paysans. Bœufs et vaches, atteints d'un mal incurable, succombaient malgré tous les soins qui leur étaient prodigués. Les terres restant en jachères, faute d'attelages, une nouvelle disette s'ensuivit et provoqua une cherté exorbitante de tous les objets de consommation.

Les quelques rares bœufs qu'on put sauver, quoique tout pelés et couverts de pustules, se vendaient jusqu'à 800 livres la paire (1).

Ainsi que précédemment, on processionna : En Auxois, les animaux furent voués à Saint-Renaubert ; à Saulieu et dans les environs, on les mit sous la protection de Saint-Grégoire, dont la chapelle est située près de Sainte-Magnance (Yonne). Aisy et Pont-d'Aisy, ainsi que les villages voisins, eurent recours à Saint-Blaise, auquel on adressa toute sorte d'offrandes. Mais les bienheureux médiateurs demeurèrent réfractaires à de si ardentes objurgations. Peut-être les pieux suppliants n'étaient-ils dignes d'aucune commisération, car le bon et candide curé Tonnard s'exprime ainsi à leur égard :

« ... Quelque malheur qu'on ressente, je ne vois pas les
« hommes devenirs meilleurs, ni changer de vie ; au
« contraire, on n'entend parler que de meurtres, d'in-
« justices, de brigandages, de vols et de crimes qui
« attirent toujours les fléaux de Dieu, au lieu de les

---

(1) Environ 3,200 francs de notre monnaie.

« escarter par la bonne vie et la pénitence et les
« larmes (1) ».

Dès lors, pour atténuer les malheurs engendrés par
la continuité de cette peste, on employa des moyens
plus positifs. Les cultivateurs se nantirent d'attelages
de chevaux, dont le prix, de ce fait, s'éleva rapidement.
Ainsi tel animal de trait, qui valait antérieurement 50
livres, trouvait acheteur pour 900.

D'autres calamités vinrent encore éprouver les populations, quelques années après. L'hiver de 1735-36 fut
aussi d'une rigueur effrayante; une couche de neige,
de plusieurs pieds d'épaisseur, couvrit la terre pendant
près de six mois. Au 15 juin, il survint une gelée si
intense que ce qui avait été épargné fut anéanti. Les
froids se prolongèrent même jusque vers le milieu de
juillet. La disette devint si terrible, que grand nombre
de personnes périrent dans d'horribles souffrances.

Pour comble, neuf ans après, un orage comme de
mémoire d'hommes on n'en avait vu, se forma sur les
régions accidentées du profond Morvand, puis, se dirigeant à l'est, détruisit tout sur son passage. Des éclairs
fulgurants sillonnaient l'espace céleste, et des coups de
tonnerre épouvantables se succédaient sans interruption. Une pluie diluvienne, mêlée de grêlons énormes,
poussés par un vent violent ravagea les récoltes, brisa
les arbres et renversa les habitations. Cette nuée lu-
gubre vint crever près d'Alise-Sainte-Reine, après
avoir parcouru un espace de plus de 30 lieues.

Comme si ce n'était pas assez de malheurs, cette
même année (1745), vit une nouvelle épizootie encore

(1) Registres paroissiaux de Saisy, *Ad posteros*, G O, année 1714.

plus funeste que celle de 1714, s'abattre sur les étables. D'après les documents de l'époque, il est constaté que sur cent têtes de bétail il en restait à peine deux. Les magistrats durent demander une réduction d'impôts, car c'était avec beaucoup de difficultés qu'on trouvait des bestiaux pour cultiver les terres. « Pendant deux « ans entiers, dit Baudiau, on n'en vit plus aux marchés « des environs. A Ouroux, par exemple, à la foire du « 23 novembre 1745, il n'y eut, pour tout bétail, que « sept chèvres (1) ».

Ainsi qu'une horrible marâtre, la nature se plaît à frapper parfois durement ses propres enfants. Cette série douloureuse, dont le terme initial remonte fort avant dans le passé, était loin d'être épuisée. A partir du 17 juin 1758, la terre sembla vouloir s'abîmer dans un immense cataclysme aqueux, dont les temps géologiques seuls ont dû être témoins. Une pluie torrentielle, qui dura près de trois mois, inonda toutes les récoltes sous sa masse liquide.

Bientôt les foins ne formèrent plus qu'un amas inerte de pourriture ; les céréales germèrent dans les champs et occasionnèrent une telle pénurie que, encore une fois, la population fut décimée.

En 1766, vint le tour d'un hiver rigoureux qui rappelle celui de 1709. Deux mois d'un froid intense, accompagné d'une couche si épaisse de neige que beaucoup de personnes moururent le long des chemins, saisies par la rigueur excessive.

Cet abaissement de température se renouvela en 1770; d'abord une nappe blanche, uniforme, profonde, recou-

(1) J.-F. Baudiau. Le Morvand.

vrit le sol pendant plusieurs mois; ensuite les gelées
survenant ne se terminèrent que pour être remplacées
par une pluie continuelle. La France subit encore une
de ces famines dont elle ne devenait que trop coutu-
mière. Cependant on parvint à rentrer les foins dans le
mois de septembre. Le blé se vendait jusqu'à 10 livres
la mesure et le seigle 9 (1).

Ce n'est pas tout, en 1773 la peste fit son apparition
dans notre pays qu'elle plongea dans le deuil; mais la
ville de Saulieu fut la plus cruellement éprouvée. L'épi-
démie provenait de l'inhumation dans l'église Saint-
Saturnin d'une femme morte de la fièvre putride.

Enfin, au moment où un orage d'un nouveau genre
commençait à gronder sourdement sur la France, et où
les esprits en fermentation aspiraient à cette indépendance et à cette liberté dont la philosophie avait pro-
clamé les principes, une nouvelle calamité vint encore
semer l'inquiétude et l'irritation parmi les masses populaires.

Le 13 juillet 1788, un ouragan épouvantable se déchaî-
na sur une grande partie de la France, et, des rives de
la Charente jusqu'aux bords de l'Escaut, sur une largeur de 15 myriamètres tout fut dévasté. Les moissons
qui donnaient les plus belles espérances furent broyées,
anéanties par cette tempête de grêle, dont l'histoire
n'offre aucun exemple. Ensuite, survint au mois de
décembre, un hiver d'une rigueur inouïe, le froid était
si extraordinaire que dans les forêts on entendait l'horrible craquement des arbres se fendant de haut en bas.
Les rivières gelèrent si profondément que les roues des

----

(1) Environ 40 francs et 35 francs de notre monnaie courante.

moulins furent entravées dans leur marche, par la grande épaisseur de la glace ; alors, on se trouva dans la cruelle nécessité d'établir des machines à bras afin de broyer les grains.

Cet hiver, qui rappelle celui de la fin du règne de Louis XIV, avait été aussi désastreux que le précédent. Une foule d'individus sortant de je ne sais où, gens sans aveu, vagabonds, repris de justice, sans feux ni lieux, se ruèrent sur Paris et Versailles, où on les trouve dans tous les mouvements populaires, provoquant le désordre, afin d'assouvir leurs besoins par le vol et le pillage.

Telle était la situation lorsque s'ouvrirent les États-Généraux ! Si la philosophie avait mis plusieurs siècles à préparer ce grand drame qu'on appelle *la Révolution Française,* diverses circonstances, issues de nécessités matérielles, précipitèrent la marche des événements.

Dès le début, l'Assemblée nationale entreprit ses travaux immortels, qui rendront sa mémoire impérissable. En promulguant à la face du monde sa *Déclaration des droits de l'homme et du citoyen,* elle préludait au droit nouveau, et bientôt la République sortira des flancs de cette œuvre émancipatrice.

Dans l'ordre économique, les réformes ne furent pas moins importantes : les droits vexants de l'ancien régime, les privilèges et les abus cédèrent la place à un impôt réparti également sur la richesse publique et nul n'en fut exempt.

Par le renversement des douanes intérieures, la libre circulation des marchandises ou des divers produits du sol était assurée d'une extrémité du territoire à l'autre.

Dès lors le commerce, une des premières sources de la prospérité et du bien-être, prendra une extension que ne soupçonnaient même pas nos pères.

Là ne s'arrête pas le génie novateur et pratique de la Constituante, elle comprit qu'en laissant entrer en franchise, à nos frontières, les matières premières, notre industrie nationale se trouvait favorisée du même coup.

Désormais, les disettes et les famines qui, naguère, furent la grande plaie du vieux monde, vont disparaître à jamais de la liste des fléaux périodiques.

L'organisation du régime économique de la France, basée sur le bon sens, l'étude sérieuse et la science, n'est pas une des moindres gloires de la Révolution !...

IX

Le 3 février 1729, jour de la fête de Saint-Blaise, un drame sanglant avait lieu à Aisy.

Les habitants du village célébraient joyeusement, sur la place publique, l'anniversaire de leur saint patron, lorsque, tout à coup, le seigneur du château, Messire Frédéric Dubois, la tête haute, le front altier et l'épée au côté, apparut au milieu du rassemblement bruyant.

Telle était la crainte qu'il inspirait à ses vassaux, qu'aussitôt, sur son passage, les jeux se ralentissent, la gaieté se modère et à la joie exhubérante succède un silence presque glacial.

Est-ce déférence ? Est-ce terreur ? Peut-être les deux : toujours est-il que les bonnes femmes s'age-nouillent respectueusement à ses pieds. Mais lui, fier et dédaigneux, passait outre...

Après avoir parcouru le théâtre des réjouissances,

adressant par ci par là quelques questions banales à différents paysans obséquieux, il aperçoit dans la foule une personne qui lui était inconnue. Cet homme était un nommé François Devenet, habitant le bourg de Précy, où d'ailleurs sa famille résidait.

Monsieur Dubois l'aborde immédiatement et lui adresse, à brûle pourpoint, cette question laconique : « Ton nom ?... » — « Devenet, Monsieur. » répond en bégayant le pauvre paysan, tout interloqué par la brusquerie de cette apostrophe.

— « Je te demande ton nom, » riposte l'irascible seigneur en haussant le ton.

— « Mais, Devenet... Monsieur », réplique vivement le bonhomme, ne comprenant rien à cette seconde question, et redoutant, non sans raison, les emportements de son turbulent interrogateur.

En effet, à peine avait-il achevé sa réponse que le fougueux seigneur, porte la main à son épée et la plonge au travers du corps de Devenet.

Le malheureux tomba baignant dans son sang, sans proférer une parole : Le perfide acier l'avait foudroyé...

La cause de ce meurtre, comme on le suppose, était des plus futiles. Interprétant faussement le nom qui lui était donné, le châtelain avait cru comprendre, par suite d'une similitude de prononciation, que sa victime le narguant, lui disait de deviner son nom. Dès lors, un pareil forfait méritait la mort.

Après cet exploit digne des âges de barbarie, M. Dubois rentra au château d'Aisy, la conscience aussi tranquille que s'il avait accompli une bonne œuvre.

On raconte, cependant, que ce jour-là, il envoya la dame de Hune de Chérizy, son épouse, demander audience à Louis XV, ou plutôt au régent. En présentant un bouquet choisi dans les serres du château d'Aisy, elle sollicita la grâce de son mari, qui lui fut accordée en souriant.

Peuh ! la vie d'un manant est si peu de chose... Est-ce que Jacques Bonhomme ne devait pas s'estimer heureux de tomber sous les coups de si nobles mains ?

L'acte d'inhumation de François Devenet que j'ai transcrit sur les registres paroissiaux d'Aisy est ainsi conçu :

« Le quatrième feuvrier mil sept cent vingt-neuf, a
« été inhumé au cimetière de cette paroisse le corps du
« nommé François Devenet, selon la réquisition de
« monsieur le bailli du dit lieu en datte de ce jour. En
présence des soussignés ».

Ont signé : J. Danton, maître d'école, L. Vitat, sonneur de cloches, et Humeau, curé d'Aisy.

Lorsque, quelques années après cette prouesse, M. Dubois mourut, il ne laissa aucun regret dans les villages dépendant de la baronnie.

L'aîné de ses enfants, Louis Dubois, hérita des seigneuries d'Aisy, Pont-d'Aisy, Dompierre-en-Morvan, etc. Avant son mariage avec haute et puissante dame Louise-Marie-Gilberte de la Ferté de Meun, qui s'accomplit en 1755, il avait été major du régiment de cavalerie d'Egmont.

Louis XV l'avait créé chevalier de l'ordre royal et militaire de Saint-Louis, récompensant sa bravoure ainsi que ses services et son attachement à la monarchie.

Il eut trois enfants avec la noble dame de la Ferté de Meun : Louis, né le 17 juin 1756, Charles-Esprit, né le

28 mai 1757 et Philippe-Germain, né le 31 juillet 1768.

Les droits seigneuriaux qu'il exerçait, ainsi que ses prédécesseurs, sur les terres d'Aisy et de Pont-d'Aisy, étaient perçus par des fermiers amodiataires, qui en rendaient un compte exact aux maîtres des châtellenies précitées.

Le dernier des collecteurs qui encaissa les taxes jusqu'à la Révolution, est François Maugras, ex-maître d'hôtel à Maison-Neuve, beau-frère de Jacques Hugot, tabellion royal à Précy.

L'ancien château-fort de la Rochette, n'offrant sans doute plus le confortable nécessaire à ses derniers seigneurs, plus fastueux que leurs ancêtres, avait été délaissé par ces premiers. Il servait en dernier lieu d'habitation aux fermiers amodiataires, qui accumulaient là, dans sa vaste enceinte, une grande partie des redevances en nature prélevées sur les habitants de Pont-d'Aisy.

Des quatre grosses tours carrées qui flanquaient le corps de logis, l'une d'elle renfermait le four banal, qui a subsisté jusqu'au jour où l'Assemblée nationale, sapant les abus et les privilèges, inaugura l'ère de la Liberté.

Comme je l'ai déjà mentionné, en dehors des taxes et des corvées seigneuriales, qui obéraient les biens et surchargeaient les personnes, il était encore prélevé des impositions qui servaient autrefois à alimenter le trésor ducal et, plus tard, après l'annexion de la Bourgogne à la couronne de France, grossirent les caisses royales.

Les États de Bourgogne étaient chargés de voter le budget de la province et d'en régler le mode de perception. A partir de Louis XI, qui s'engagea, par lettre patente datée d'Ablon-sur-Seine, d'en maintenir tous les anciens privilèges, ils ne se réunirent que tous les trois ans. Mais une délégation permanente de ces mêmes Etats, les *Elus Généraux*, avaient pour mission de répartir les tailles et d'en assurer la rentrée. Le mode de recouvrement était des moins onéreux : aussitôt la commission envoyée à chaque paroisse, qui choisissait ses collecteurs, ceux-ci se transportaient chez les contribuables, où ils notifiaient leur requête. A cette époque, le dimanche ne pouvant être employé à aucune œuvre servile, on dressait le registre ordinairement ce jour.

Le rôle des impositions de la communauté de Pont-d'Aisy, pour l'année 1753, constate que les recettes à percevoir, sur la totalité des habitants, s'élevait à la somme de 484 livres 11 sols.

D'ailleurs voici la teneur de ce document copié textuellement sur l'original :

RECETTE DE SEMUR-EN-AUXOIS

COMMUNAUTÉ DE PONT-D'AISY

Rôle et répartition de la somme de quatre cent cinquante cinq livres, quatorze sols, ordonnée être imposée par Nosseigneurs les Elus Généraux des Etats du duché de Bourgogne, suivant leur mandement du premier décembre mil sept cent cinquante deux, sur la communauté du dit Pont-d'Aisy, recette de Semur-en-Auxois, pour les tailles de l'année mil sept cent cinquante trois, cy................ 455 l. 14 s.

Plus la somme de vingt deux livres seize sols pour les droits de collecte, à raison d'un sol pour livre, cy... 22 16

Plus cinq sols pour la publication du mandement, cy................ 5

Plus cinquante sols pour la journée de Claude Mignot et de François Fontaine, afficheurs, nommés par la dite communauté pour faire les fonctions tant d'afficheurs que de collecteurs, suivant leur usage ordinaire, cy............ 2 10

Et finalement trois livres six sols, tant pour la Minute du présent Rôle, original pour les collecteurs, deux copies, l'une pour envoyer à Nosseigneurs les Elus, et l'autre pour déposer au greffe de la justice dud. Pont-d'Aisy que papier timbré, cy 3 6

Total.... 484 l. 11 s.

Laquelle dernière somme de quatre cent quatre vingt quatre livres onze sols a été répartie selon les facultés de chacun des contribuables par les d. Claude Mignot et François Fontaine, afficheurs nommés par la dite communauté pour la présente année comme s'ensuit:

1. François Monétot, vingt huit livres dix huit sols, cy............................ 28 l. 18 s.

2. Jean Laureau, trente deux livres neuf sols, cy 32 9

3. Noël Laureau, trente six livres huit sols, cy.................................. 36 8

4. Joseph Pageot, cinquante deux livres dix sept sols, cy........................... 52 17

5. Denis Ligeret, quatorze livres deux sols, cy 14 2

6. Jean Vitat, vingt deux livres quatre sols, cy 22 4

7. Edme Ligeret, vingt une livres dix huit sols, cy.................................. 21 18

8. François Fontaine, l'aîné, vingt livres deux sols, cy.............................. 20 2

9. François Ligeret, quatorze livres six sols, cy 14 6

10. Dominique Velin, treize livres, cy...... 13

11. François Achotte, treize livres trois sols, cy... 13   3

12. Edme Achotte, douze livres six sols, cy.. 12   6

13. François Arnoux, treize livres trois sols, cy... 13   3

14. Claude Mignot, quatorze livres, cy...... 14

15. Louis Arnoux, neuf livres neuf sols, cy. 9   9

16. François Fontaine, quinze livres dix sols, cy........ 15   10

17. Claude Judrin, dix sept livres quatre sols, cy............................... 17   4

18. Edme Judrin, dix livres............... 10

19. Emiland Drouhin, dix livres dix neuf sols, cy............................... 10   19

20. Blaise Tribouillard, huit livres huit sols, cy... 8   8

21. Pierre Rougeot, dix livres deux sols. cy 10   2

22. Jean Hélyot, six livres dix sept sols, cy. 6   17

23. François Pécot, neuf livres deux sols, cy 9   2

24. La veuve Lauran, huit livres deux sols, cy................................... 8   2

25. Lazare Helyot, huit livres quatorze sols, cy................................... 8   14

26. Joseph Velin, huit livres six sols, cy.... 8   6

27. La veuve Nardeau, six livres quatre sols, cy................................... 6   4

28. La veuve Pierre Dusausse, cinq livres douze sols, cy............................ 5   12

29. La veuve Nicolas Ligeret, quatre livres neuf sols, cy........................... 4   9

30. La veuve Claude Musnier, quatre livres, cy................................... 4

31. La veuve Charles Chère, quatre livres seize sols, cy............................. 4   16

32. La veuve Sassey, huit livres quinze sols,

cy   8   15

    33. Alexandre Ligeret, six livres, cy   6

    34. La veuve Jean Choblé, cinq livres, cy ...   5

    35. François Bizouard, cinq livres, cy   5

                     Total....   481   11

Toutes lesquelles sommes seront payées par chacun des contribuables dénommés au présent rôle, entre les mains des dits Claude Mignot et François Fontaine, afficheurs et collecteurs de la présente année aux termes portés par le susdit mandement, et lad. première somme de quatre cent cinquante cinq livres quatorze sols sera payée par lesd. collecteurs entre les mains de Monsieur Champeaux, seigneur de Saucy, demeurant aud. Semur, receveur des impositions du bailliage aussy dans les termes portés dans led. mandement, fait et arrêté aud. Semur le cinq feuvrier mil sept cent cinquante trois, et ont signé les d. Mignot et Fontaine.

       François FONTAINE.   Claude MIGNOT.

Nous soussignés Joseph Pageot et Jean Laureau, principaux habitans du d. Pont-d'Aisy, certifions à Nosseigneurs les Elus généraux aux peines portées par l'art. 12 de leur délibération du 7 janvier 1752, que le présent rôle est véritable et qu'il n'y a été omis aucun habitant imposable. Fait aud. Pont-d'Aisy le six feuvrier mil sept cent cinquante trois.

            Signé : J. LAUREAU.

Le présent rôle a été par nous vérifié et calcul fait de toutes les cottes y comprises, nous avons reconnu qu'elles montent à la somme totale de 481 livres 11 sols, laquelle est égale à celles mentionnées au préambule du dit rôle. Fait à Semur le 28 avril 1753.

            Signé : CHAMPEAUX DE SAUCY.

Pour un observateur superficiel, il semblerait que les habitants de Pont-d'Aisy étaient moins surchargés d'impôts qu'ils ne le sont de nos jours. Mais il faut

d'abord se rappeler qu'en 1753 la valeur de l'argent était beaucoup plus considérable qu'elle n'est aujourd'hui. En second lieu, par suite de cette vieille organisation féodale, dont les us et coutumes ont blessé si profondément la justice et l'égalité, les propriétés appartenant aux seigneurs étaient allodiales, c'est-à-dire qu'elles ne payaient aucune imposition, ne relevant que du soleil, ainsi que le disent d'antiques formules.

Il est établi qu'au temps passé, les possessions territoriales du Château se composaient, à elles seules, de plus de la moitié du sol dépendant de Pont-d'Aisy. De la richesse immobilière des châtelains il en résulte que la contribution foncière de la partie appartenant aux habitants était, non compris les droits seigneuriaux, plus élevée que celle de la totalité en 1892. Ainsi les impositions inscrites au rôle de cette dernière année s'élève à 1749 fr. 03 (1), afin de comparer ce dernier chiffre avec celui de 1753 il est rationnel de se baser sur la valeur actuelle de notre monnaie. Alors on trouve qu'au siècle dernier, les propriétaires du village de Pont-d'Aisy auraient payé environ 1938 fr. 20 d'impôts fonciers, abstraction faite des droits perçus par le Seigneur...

Les mémoires de cette époque constatent que par l'emploi de procédés primitifs de culture, les terres produisaient un revenu très médiocre; ensuite le bétail, quoique en nombre restreint, se vendait à des

---

(1) Monsieur Caroujat, receveur municipal à Précy, a eu l'extrême obligeance, sur ma demande, de relever ces chiffres inscrits sur les rôles des contributions pour l'année 1892. Qu'il reçoive ici l'expression de mes sincères remerciements.

prix peu rémunérateurs : ces deux choses en atténuant les bénéfices rendaient par conséquent les impôts plus écrasants.

Avec les tailles seigneuriales, la tierce, la dixme, les droits de messerie, de fournage, les corvées, etc., on peut affirmer sans témérité que les gens de Pont-d'Aisy se trouvaient dans la cruelle nécessité de peiner pendant la plus grande partie de l'année, afin de se libérer de ces redevances accablantes.

Ils ont été maimmortables (1) jusqu'à l'abolition des privilèges et ne durent leur affranchissement qu'à la Révolution Française.

Tandis que beaucoup de localités acquéraient des Chartes seigneuriales, octroyant la liberté aux manants, Pont-d'Aisy restait durant le cours des siècles sous la domination de ses seigneurs. Les Dubois d'Aisy, ainsi que ceux qui les ont précédés autrefois, demeurèrent constamment inflexibles, inexorables ; les premiers, surtout, étaient insensibles aux plaintes et doléances de leurs vassaux, exerçant leur suzeraineté « du ciel à la « terre, ayant juridiction sur et sous terre, sur cou et « sur tête, sur eau, vent et prairies ».

Mais cette famille hautaine et impérieuse ne verra pas désormais six lustres s'accomplir avant que le niveau égalitaire ait fait courber son front altier et n'ait mis un frein à son orgueil.

Messire Louis Dubois, dont j'ai déjà parlé tout à l'heure, mourut prématurément le 2 avril 1760, étant

---

(1) Toute personne se mariant en dehors des dépendances de la châtellenie devait au seigneur un droit de formariage s'élevant au tiers de la dot. Aussi par suite de ce prélèvement les mariages entre villages voisins étaient très rares.

âgé seulement de 43 ans. Sa veuve ne fut pas rebelle aux consolations que lui prodigua M. Claude Bureau, de Laroche-en-Brenil, capitaine au régiment de Royal Roussillon, car elle se remaria avec lui le 11 avril 1763.

M. Louis Dubois, en mourant, laissa donc ses trois enfants en bas-âge, l'aîné ayant à peine 4 ans. Ce fut le second, Charles-Esprit, qui, à sa majorité, hérita du fief de la Rochette et du château d'Aisy.

Dès qu'il fut en état de porter les armes, comme toute l'ancienne noblesse d'ailleurs, il prit du service dans l'armée. Naguère le mérite ne présidait pas à la répartition des grades : tandis que l'enfant du peuple, malgré son travail et son talent, croupissait dans les rangs inférieurs, le noble, trop souvent ignare et viveur, atteignait les plus hauts échelons de la hiérarchie militaire. Aussi quand l'émigration eut privé l'armée de ses chefs, ne faut-il pas s'étonner de voir, sans aucune transition, le commandement passer dans des mains prolétariennes mais viriles et énergiques...

A son mariage qui s'accomplit en 1784, M. Charles Dubois était capitaine de cavalerie au régiment de Royal Etranger. Il ne laissa pas effacer le fâcheux souvenir qui s'attachait à sa famille : sa violence et ses emportements égalaient, sinon surpassaient, ceux de ses ancêtres. Aussi, ce tempérament plein de fougue, ne pouvait il tolérer aucune observation, même légitime ; sa volonté faisant loi, il brisait les résistances les mieux justifiées.

Je veux rappeler ici deux faits qui prouveront surabondamment cette assertion et établiront une démonstration péremptoire de son excessive brutalité :

Quelques années avant la Révolution, René Pageot,

descendant d'une des plus anciennes familles du pays, avait quitté le village d'Aisy pour venir fixer sa résidence à Précy, où il exploitait une propriété affermée. Par suite de son changement de localité, le four banal, dont M. Dubois percevait les droits, ne pouvait plus lui être d'aucune utilité.

Depuis trois années déjà, il avait délaissé ses pénates et par conséquent n'avait payé aucun droit de fournage (1), lorsque le seigneur d'Aisy le fit appeler à son château :

— « De mauvaises langues, sans doute, lui dit le châ-
« telain, prétendent que tu ne veux plus acquitter tes
« droits de fournage? Ce sont assurément des faussetés
« qui m'ont été rapportées: tu ne refuses pas de me
« payer, n'est-ce pas?... »

— « Mais, Monsieur, comme je n'ai plus la jouissance
« du four banal, il m'apparaît que je n'ai rien à solder.

— « Alors, tu refuses positivement.

— « Dans de semblables conditions, il ne m'est pas
« possible d'acquiescer à votre demande ».

A cette affirmation très plausible, M. Dubois, furieux, franchit vivement le seuil de sa chambre, l'entretien ayant lieu dans un couloir y atteignant, saisit son épée afin de châtier l'impudent qui osait lui résister. Mais Madame Dubois, qui se trouvait présente à l'entrevue, s'interposa et fit fuir le sieur Pageot, qui échappa ainsi à une mort presque certaine.

Ce dernier était déjà loin que l'impétueux seigneur le

---

(1) Le droit de fournage consistait dans le prélèvement d'une mesure de froment par an et par ménage.
On employait ordinairement la mesure de Précy, dont la contenance était d'environ 10 litres.

menaçait de son épée en lui disant : « Va, je te repince-rai, petit Pageot ».

La justice, base de tout droit, est ce sentiment inné dans l'homme, par lequel il sait discerner le bon du mauvais. Toute action mauvaise est une violation de ce principe issu de notre organisation elle-même.

Quoique l'injustice répugne à celui qui la commet, il n'en obéit pas moins aux injonctions de l'arbitraire et de ses passions.

Sous l'ancienne monarchie, la noblesse, toujours arro-gante, abandonna souvent ce devoir essentiel, et son oubli fut fatal à la marche du progrès.

Le seigneur de la Rochette, qui nous préoccupe essentiellement, commit, lui aussi, des iniquités révol-tantes portant atteinte à tout sentiment de droiture. Le récit suivant en est un témoignage irrécusable.

Un de ses gardes, nommé Simonnot, trouva un jour deux bœufs paissant librement dans les taillis du bois de *Sarmeau*. Comme aucun pâtre n'accompagnait ces bestiaux, le garde prétendit qu'ils appartenaient à Claude Judrin, laboureur à Aisy.

Quoique ce dernier put prouver que pendant que le délit se commettait, ses bœufs étaient à la charrue, il lui fut néanmoins dressé un procès-verbal.

A la justice de paix de Précy, M. Dubois fut renvoyé des fins de sa plainte. Mais l'entêté seigneur ne se dé-clara pas battu : il épuisa contre Judrin toutes les juri-dictions, et l'affaire était en dernier lieu portée à la *Table de Marbre* de Dijon (1). Ainsi que partout ailleurs, le baron d'Aisy n'eut pas gain de cause.

_____

(1) Tribunal créé en 1651 pour les Eaux et Forêts.

Lorsque les derniers arrêts furent rendus, le petit pécule de Judrin était bien compromis; comme il déplorait sa ruine, M. Dubois lui dit : « Apprends que quand même j'ai tort, je veux avoir raison (1) ».

Lorsqu'éclata la Révolution et que la Bastille, symbole du despotisme, eut succombé sous les coups des Parisiens, ce fut un enthousiasme indescriptible d'un bout de la France à l'autre.

Dans cet acte d'héroïsme le peuple entrevit son émancipation et le commencement d'une ère nouvelle.

Dans beaucoup d'endroits les paysans se ruèrent sur les châteaux et en firent de nombreuses holocaustes.

Malgré les haines accumulées contre le seigneur d'Aisy, son manoir fut épargné et n'eut à subir aucune avanie.

Les réformes politiques accomplies par l'Assemblée Nationale avaient mécontenté surtout le haut clergé et la noblesse, qui bientôt fomentèrent la résistance aux lois nouvelles.

Le comte d'Artois et le prince de Condé, donnant le signal de l'émigration, s'étaient enfuis à l'étranger, où par leurs intrigues ils réussirent à former une coalition contre la France dans le but de délivrer Louis XVI.

M. Dubois, royaliste exalté, ne devait pas rester en arrière, il suivit l'exemple donné par ses pairs, et quitta la France pour préparer la guerre et, au besoin, servir contre sa Patrie.

Le jour même où il quittait son château pour n'y plus jamais rentrer, les membres du Club, siégeant à l'église

(1) Les deux communications ci-dessus concernant M. Charles Dubois, m'ont été rapportées par M. Pageot-Dumay, d'Aisy. Je le prie d'agréer mes sincères remerciements.

de Précy, l'avaient assigné à comparaître devant eux, afin de jurer fidélité à la Constitution. Il se rendit à la convocation et répondit par un faux-fuyant à la question qui lui était posée : « Citoyens, dit-il, je regrette « beaucoup ne pouvoir m'associer aujourd'hui à vous « par ce serment, car je suis obligé d'aller remplacer « Madame d'Argentille ». Là dessus il salua et quitta la réunion. A peine avait-il franchi les marches de l'édifice, qu'il montait en son carrosse l'attendant à la porte, puis s'éloignait au grand galop de ses chevaux, sans qu'on pût savoir quelle direction il avait pris.

Lorsque les Clubistes chargés de recueillir son serment eurent réfléchi sur la réponse dérisoire qui leur avait été faite, ils envoyèrent des agents à sa poursuite. Mais il était trop tard, on ne put l'atteindre et il gagna la frontière sans encombre.

Sa famille, composée de son épouse et d'une jeune fille âgée d'environ sept ans, l'accompagna dans ses pérégrinations.

Cette dernière s'unit plus tard à M. Pierre-Marie-Eugène Champion de Nansouty. Je me plais ici à honorer les idées philantropiques de cet homme généreux. Possesseur d'une grande fortune, il aurait pu vivre tranquille et heureux ; mais par la vie de famille, calme et sédentaire, il n'aurait pu répandre le bien à profusion. Fondateur d'usines métallurgiques importantes à Maison-Neuve et à Rosée près Vic-sous-Thil, il était un père pour ses nombreux ouvriers. Malheureusement le succès ne répondit pas aux espérances qu'il avait conçues ; quelques années après ses deux établissements passaient en d'autres mains.

D'après le décret du 2 septembre 1792, les biens des

émigrés furent déclarés propriétés nationales. Tous les immeubles ayant appartenu à M. Dubois furent mis en vente, et délivrés par petits lots à de nombreux acquéreurs.

Toutefois le château d'Aisy fut réservé, ainsi que le bois de *Sarmeau*, qui, après la rentrée en France du baron d'Aisy, les vendit à un juif de Dijon, nommé Brachet (1).

Quant au château de la Rochette, dont je me suis occupé spécialement dans cet opuscule, déclaré bien national, il avait été acheté par Crépey, boulanger au *Lion d'Or*, à Précy.

Crépey n'en fut le détenteur que quelques jours, il le céda aussitôt à M. Christin Cosseret, alors fermier à Vic-sous-Thil.

Peu à peu il a été démoli et les matériaux de ce lourd manoir ont servi pour la plupart, étrange retour des choses d'ici-bas, à construire la demeure des fils des vilains.

Des quatres grosses tours dont j'ai déjà parlé précédemment, il n'en subsiste que deux, transformées l'une en colombier et l'autre en serre; elles sont là comme les témoins muets de cette triste époque féodale, dont l'humanité a gardé un si pénible souvenir.

Celle qui renfermait le four banal a été détruite, dit-on, fort peu de temps après la Révolution (2).

---

(1) Je me fais un devoir de remercier ici M. Fouret Lazare, ancien tuilier à Pont-d'Aisy, qui a bien voulu me donner ces renseignements

(2) Ces détails sur la destinée du château de la Rochette m'ont été fournis par M. Claude Judrin, aubergiste à Pont d'Aisy, descendant d'une vieille famille du pays. L'âge n'a émoussé ni sa mémoire ni son intelligence. Qu'il reçoive ici mes remerciements et le témoignage de ma gratitude.

L'emplacement du château et de ses dépendances ainsi que les deux vieux débris encore debout appartiennent aujourd'hui à M. Paul Cosseret, jeune littérateur de beaucoup d'avenir.

Ses idées libérales, que d'ailleurs il a héritées de ses ancêtres, forment un profond contraste avec les sentiments rétrogrades et surannés des anciens maîtres du lieu.

———

Les sociétés, les individus, comme d'ailleurs toutes les choses de la nature, sont soumises à des lois inflexibles qui les modifient incessamment.

L'étude que je viens de terminer vérifie encore une fois ce grand principe supérieur auquel rien ne résiste : Tout naît, vit, meurt et se transforme.

A la place des larges fossés et des lourds ponts-levis du château-fort de Pont-d'Aisy, la nature a repris ses droits : une végétation luxuriante remplace ces puissants travaux défensifs.

Aux hautes murailles, terreur du serf et du vilain, aux larges créneaux semblables à des dentiers gigantesques, d'où sortit tant de fois la mort, ont succédé la vie et la gaîté.

Un potager soigneusement entretenu, dans lequel croissent des fleurs en abondance, occupe presque toute l'enceinte du vieux castel.

Où serpentaient naguère d'étroits couloirs, sombres et tristes, conduisant à d'obscurs réduits, on voit de belles et larges allées, dans les sinuosités desquelles circulent la lumière et la fraîcheur.

L'été, c'est-à-dire quand l'astre radieux a chassé les brumes de l'hiver et ramené les chaudes effluves solsticiales, dans ce lieu règnent la paix et le bonheur.

Il en sera ainsi jusqu'au jour où de nouveaux changements, en modifiant l'aspect et la destination, concourant toujours à démontrer les grandes lois évolutives.

FIN

www.ingramcontent.com/pod-product-compliance
Lightning Source LLC
LaVergne TN
LVHW050607090426
835512LV00008B/1373